U0898768

独龙之子

DU LONG ZHI ZI

梁刚◎著

云南出版集团

雲南人民出版社

卷首语

他与一个目前仅有6000多人的民族同时获得新生命。睁开眼睛，就是层峦叠嶂的高山；闭上眼睛，就是云雾缭绕的梦想。

这个地方路途艰险。一块巨石稍稍萌动梦想，就从绝崖上摔下来，以粉碎之躯坠落深渊，为雪浪吞噬。但他走出来了。

他在踏上寻常人生梦想的坦途时，却忽然间一个转身，重新回到母亲的腹盆，再生一次，再孕育一次，伴随自己的民族继续从童年起步。

他再次走出来了，中国改革、时代巨变牵引他的心和脚步。他登上了一级级可以与身后山峰比肩的高度，但又一个转身，再次回到母亲的怀抱，再生一次，再孕育一次，要与自己的民族一同成长为巨人。

“决不让一个兄弟民族掉队！”——这是中国共产党的庄严承诺。

“决不让我的民族掉队！”——他用不算高大的身躯作为坚实无比的路石。

“一个人的幸福不叫幸福！”——他在每块路石上镌刻着坚定的誓言。

这是一个独龙之子的追梦旅程。

本书记录的，就是独龙之子高德荣的寻梦之旅，也是一个人与一个民族的追梦传奇，一个地理秘境与心灵秘境的生动图像……

再多的文字，都应该是值得的。

目录

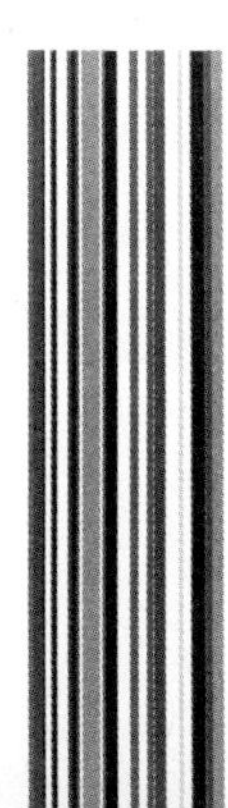

贡山独龙族怒族自治县成立大会

引 子

如果不是作一次“无路”之旅，你不可能到达这个云梦之乡。

如果不是在十月封山之季，攀爬五千米的雪原巅峰，你不可能目睹绮丽梦想有着冰川似的纯洁。

如果不是偶然邂逅一队马帮，将你如同一个驮架上的行包驮上风雪垭口，然后指着绝壁之下一团旋绕的苍鹰，告诉你，这里曾有三匹驮马坠崖，你不用去寻找，来年那里有一簇簇盛开的马缨花，你不可能懂得美丽与酷虐在这里就是花与叶编织成的梦魇……

如果不是一头独龙野牛突然从木兰花丛中穿过，一群雉鸡在山谷里织成一匹飞扬的锦毯，一株株高大的秃杉将羽状叶翼在你的脸颊上轻轻倾洒五色露水，你断然不能领悟世间有些地方竟然无酒也能晕醉……

如果不是一条你从未见过的河流在地图上指引着方向，你不会相信这里是任何一个旅者的出发地或到达点，这条河流没有河床，犬牙交错的锋利岩石如同一个空腔，喷发着雪似的浪沫，即使成股的水流有着流线，也要把它切得粉碎，那些沉碧的深潭不过是流水的墓穴，那些昼夜嘶吼的湍流不过是生与死的壮歌；你也绝不会相信，世界屋脊就在不远的地方，世界屋脊融化的冰雪化成水，即刻就化成沫，再蒸腾为翻滚的云气，瞬间又凝结为雪花、冰雹，再粉碎一次，化成流水之骨——以水演示的生命之路是如何艰难！

如果你经历了这一切，在短暂的一刻过去后，度量自己的身高，你会发觉自己长大了。唯一可以证明的，就是你身后那条即刻就会被落叶遮盖、被流沙冲走、被滚石携飞、被落雪深埋的“道路”——这一切迷幻却又真实，于是，你会相信，只有一条坚实的道路才能承载文明……

如果不是此时，你确实在百鸟啾鸣中听到一声猎哨，在风声撕碎雨声时听到了一声弩弓的弦响，接着，又听到以“啊哟喂”起声的山歌长调翻越山的脊梁，然后发现一片确实有耕作痕迹悬挂在陡坡上的土地，一丛仿佛落叶颜色的屋脊上确实高高飘扬着一面五星红旗，你根本不会相信，在这个完全可能被世界遗忘的角落，有你的亲人和兄弟……

如果你准备解读这个地方的一切，请准备接受另一种心态和语态。

这里是独龙江，独龙族的世居地。

云南省贡山独龙族怒族自治县独龙江乡，地处中国著名的横断山脉的高山峡谷地带，这里东以最高峰5128米的高黎贡山与怒江并连，西以最高峰4934米的担当力卡山与缅甸毗连。再向西，是世界的屋脊——喜马拉雅巨大山系。经典地理著作描述：在数亿年前的地质年代，造山运动距离现今最近也最活跃的时期，缅甸小板块楔入喜马拉雅大板块，引起猛烈的抬升，从而造就了世界的最高地，挡住冰川南进，也挡住了北上的海洋暖流，从此，地球气候格局形成，人类繁衍，而成为“水塔”的高原孤清冷寂。这次“冲撞”，是不规则的，它在西南方向的角落里形成一个“「”形的“茬口”——在五百万分之一的地形图上可以找到，这个“茬口”的深处就是独龙江。在某种意义上，这里的居民是真正的上帝之子，是自然遗产的守卫人。

中国境内的高黎贡山和担当力卡山拱卫着这个门户，独龙江好比唯一的门枢。也许这个秘境是上苍的后院——直至20世纪末，这里是中国境内唯一不通公路的地方。

山峰高耸，群山环抱，高黎贡山和担当力卡山地形复杂，山顶终年积雪，独龙江大峡谷每年有半年时间被大雪封住，与外界失去联系，山险水奇，世所罕见。西方的地理学家几乎痴迷地青睐这片土地，称独龙江是“唯一没有落下人类文明足迹的绝境，独龙江是唯一没有被现代污染的圣水之河”。但事实并非这样。

新美如初的冰天雪地，高耸入云的雪山，波澜壮阔的独龙江，稀奇古怪的珍禽异兽，剑拔弩张的密林狩猎，驿道上马帮飞扬的情歌和铃声，惊心动魄的藤索飞溜，世纪“绝色”文面女以及古老神秘的剽牛祭天……这是中国西南最后的古代文化圣地，也是真正可以称为“秘境”的地方。这是一片人神共居的土地，天地同在，万物并生。

蓝色的独龙江，深壑险潭，激流飞瀑，如雷轰响的流水声在山谷间回荡，波涛起碎银，浪花涌碧玉。

神秘、美丽、封闭、落后、与世隔绝……时至今日，独龙江仍被世人以探寻、猎奇的目光追随着。

由于地域的封闭，生活在独龙江的人鲜为外人所知。清道光年间《云南通志》载:“俅人居澜沧江大雪山外……结草为庐，或以树皮覆之。男子披发，着麻布短衣裤，跣足，妇女耳缀大铜环，衣亦麻布……衣木叶，茹毛饮血，宛若太古之民。”

“俅”，现代汉语词典解释：“俅人，我国少数民族独龙族的旧称”，又解释为“恭顺的样子”。以“太古”而言，这个新造的字，至少对这里人口稀少的原住民保持一种垂爱怜悯的心意，也活画出一个弱小民族的生存卑微。

以人类学、社会学、民族学加以科学定位，至少在20世纪前，深藏远隐在独龙江高山峡谷中的独龙族，其社会发展阶段还处于原始社会的末期。

中国的世纪大翻覆发生在1949年10月1日。

这天，中国人民解放军滇桂黔边纵队一支武装在雪域高原展开一面鲜艳的五星红旗，以祝贺中华人民共和国的成立。而在中共西南局驻地重庆，以刘伯承、邓小平为首的第二野战军正依照毛泽东“解放大西南”的筹划，排兵布阵，雄姿英发，中国西南指日可定。

1950年2月，云南全境解放。

西南边陲，原滇缅公路末端的畹町桥头插上了五星红旗，与这个国境线“点”成斜直线的最西北端则是独龙江。宣示国家主权，领土完整，是新生共和国第一个“举手礼”！于是，独龙江以旷古未有的姿态跃上了中国政治版图！

1950年10月，中国人民解放军一部越过高黎贡山雪峰进入独龙江大峡谷，第一面五星红旗在独龙江上空高高飘扬。

现在，我们很难复原当时的场景。但中国人民解放军以一个营作为后备，一个连的武装，只备了少许驮马、必要的物资，在向导、通事的指引下，从怒江边的碧山出发，经福贡到达贡山，稍事休整，便开始向雪山峡谷的进军。大雪将近封山，只是一个昼夜间，悬垂在崖壁上的瀑布在宿营的石洞前布下冰帘，一个战士十分不忍地掰下一根冰柱放到嘴里：“啊，连长！是甜的！”透过“帘子”，外面的世界白雪皑皑。通事大喊：“当心脚下！雪是酥的，下面是悬崖！”他的喊声叫停了欣喜的脚步，也惊飞“帘”外的一坡飞雪。待飞雪沉寂，他把一片破毡子撕成碎片，给每个战士帽檐下夹一个“眼罩”，这是预防雪盲的简易方法。

但在到达一个叫坝坡的地方时，还是有战士被雪光刺伤，突然失明。这时，有一双温暖的手捧着洁白的雪球，为他擦拭，一次次在他耳畔吁吁念咒，这个战士终于睁开了眼睛。他眼前复原的图像是一个女人，她的面颊上有蝴蝶一样的花纹，这就是独龙人！

从这一刻起，原住民世居的这块土地，为云南省贡山县管辖，中国人民解放军边防公安部队在独龙江建立边防站、哨、卡，执行边境保卫、巡逻、边界界桩定期巡查，宣示中国领土主权的标志——五星红旗成为独龙人眼睛里最为庄严、新异的标志。

苍生共证：独龙人由此获得真正意义上的新生。

他们的新生和成长与新中国是同步的。

千百年来，每年10月严寒来到，飞雪如幕，自11月末到次年 5 月初的大雪封山，这块“楔角”地域，处于喜马拉雅东麓和高黎贡山、担当力卡山三个峰面的夹峙中，其中任何一个方向的气候因素都足以导致急剧降雪，并无数次地完全改变着这里的地形地貌，让走兽迷途、飞鸟不识，更何况人马，这便是令人悚然的大雪封山。这时候的独龙江仿佛藏在了上帝的腋窝下，与世隔绝了。

这在中国是唯一，在世界上也属罕见。

“路”，这个再寻常不过的名词，在独龙人的表达里如同一条飘忽的带子或绳子，甚至是原始林野中的一条藤子。它间或就断了，没有确切的实物指代与含义，它似乎与“锁”是对应的。但“钥匙”紧紧握在上帝的手里，永远不会松开。

但当它与“中国”这个名词相连，它的词义必须复原！它与1950年的独龙人相连，词义就是“新生”！这在中华人民共和国国家史的记载中也是唯一的。

从没有路到人马驿道的开凿，再从人马驿道到简易公路的铺设，然后从简易公路到全线贯通的隧洞建设，一条道路与一个民族的命运和发展紧密相连。世界上大概没有哪个地方把一条路的修通说成一次解放，每次修路都意味着一个民族的又一次新生，更没有一个人将自己的命运与“路”相连，修路成为他的生命壮歌。

在独龙族这个民族中，就有这么一个人，他两次走出独龙江，又回到独龙江，他宣誓：“一个人的幸福不叫幸福。”他的成长与祖国紧密相连，与独龙人的命运和发展紧密相连。他是伴随新中国成长起来的少数民族党员干部，亲身经历并见证了独龙族和独龙江地区在党和政府的关怀下，从“直过区”一路走来，为没有路的山川河流搓出溜索、结成链条，又扩展为“坦途”的惊天巨变历程。

他叫高德荣。

第一章 苍生共证 独龙新生

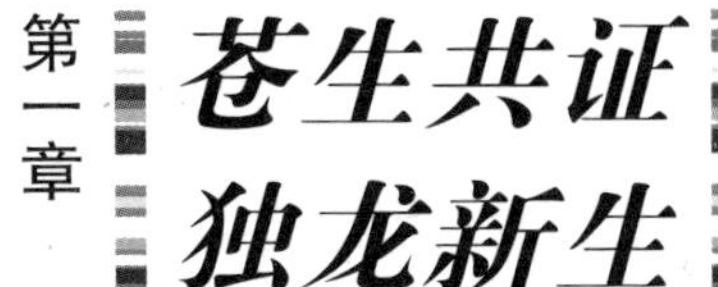

1

1952年11月的独龙江乡，是雪下得最紧的时候。树枝上全是一串串、一团团银白色的树挂；悬崖边冻结的瀑布，那奔流状、浪花形的冰凌，闪现着淡蓝色的银光；映满寒光的天宇，就像一块透明、瓦蓝的冰体，罩住了这无边无际的山野，不时传来树枝被积雪压断发出的叭叭声和轰隆隆的雪崩惊雷。而雪仍在飘洒，轻轻悠悠，像洁白的鹤羽，装点着水瘦山寒的世界。

就在这天寒地冻的日子里，一个来自千里之外的喜讯传到贡山：首届中央民族事务委员会扩大会议在北京召开，邀请时任贡山县副县长的独龙人孔志清，代表自己的同胞进京出席这一盛会。贡山县各族群众奔走相告，独龙江乡沸腾了，3000多名独龙人像是长年流浪荒野的孩子，突然听到了母亲深情的呼唤。

1950年10月，人民解放军越过高黎贡山雪峰进驻独龙江大峡谷，共和国一把将自己的孩子揽入怀中，自称“独龙人”的民族才获得新生。

自己作为独龙人的第一个代言人要到北京，还将在共和国的大家庭里第一次发出独龙人的声音，这是开天辟地的第一次！遥远的独龙江竟然与远在天边的北京连在了一起，这是他个人的幸福，更是所有独龙儿女的幸福。孔志清激情难抑！整个民族都沉浸在兴奋中！祖国母亲没有忘记被封闭在雪山峡谷中的独龙人。

1952年年底，一个大雪纷飞的夜晚，他把满满一袋干粮挎在肩上，依依不舍地与从四面八方赶来送行的乡亲惜别，喝完乡亲们赶来敬献的热酒，他浑身热血奔涌，坚定的脚步踏破了冰天雪地……

整整三天，他才从独龙江深处走到贡山。那时整个怒江地区到昆明还没有公路，只有古时进西藏的一条在积雪下时隐时现的人马驿道，随着奔腾的大怒江，艰难地伸向山外的世界。可孔志清的心早已飞到了北京。北京！北京！一个多么神圣庄严的地方，那里是祖国的心脏，有天安门，有敬爱的毛主席！这个地方多少次在梦中出现，但今天这个梦就要实现了，一个边疆少数民族的普通干部，竟然要去北京开会！这是他此生及整个民族最大的荣耀，任何艰难困苦都阻挡不了他前进的脚步，他像一匹健壮的骡马，胸怀激情，心向远方，一刻不停地向前迈着大步……

他坐上汽车、火车一路北上。灿烂的阳光下，祖国的大好河山就在他的脚下延伸，那样广阔啊！他的那个雪域峡谷呢？似乎在融化，化成了一滴水。那一刻他流泪了，那是快乐而幸福的泪水。因为，他很快就会抵达在梦中一次次出现的北京！

北京同样大雪飘飘，当他踏上北京时，瓣瓣冰清玉洁的雪花给了他亲切的问候。密集的雪花从银灰色的天空降落下来，像千千万万的白蝴蝶翕动着薄透的翅膀在飞舞，又像繁花在舞台上开放和凋萎，眼前的世界氤氲在一派明艳和清丽的意境之中。

“东方红，太阳升，中国出了个毛泽东……”这天，在中南海怀仁堂，在嘹亮的歌声中，伟大领袖毛主席在人们的簇拥下，满面红光、神采奕奕地走到了孔志清及其他少数民族代表面前。那一刻，孔志清和在场的每一个人一样，眼中噙满泪水。“中华人民共和国万岁！”“毛主席万岁！”“中国共产党万岁！”所有的人都欢呼起来。

“人民万岁！”毛主席也做出了热烈的回应。

主席走到代表中间，每个人都纷纷挤上前去与这位敬爱的领袖握手。孔志清怀着忐忑而激动的心情，颤抖着向毛泽东伸出了自己的手。当他的手被一双温暖的大手紧紧地握住时，眼中的热泪终于忍不住流了下来。

他知道，伟大领袖毛主席不是和他一个人握手，而是和所有的独龙族同胞握手，和一个民族握手，和高黎贡山、担当力卡山、独龙江握手。会议结束时，毛主席和中央领导同志还同他们一起合影留念。

新年的北京，尽管仍天寒地冻，但人们还是感受到了春天的气息。春天，预示着希望。

1953年1月5日上午10时，敬爱的周恩来总理接见少数民族代表。周总理给予孔志清及整个独龙族的关怀，让孔志清又一次感受到春天般的温暖。

周总理身着黑呢中山装，俊朗的面庞上带着谦和的微笑。他一一和代表们亲切握手、问好。孔志清那件用彩虹一样绚丽多彩的独龙毯做成的褂子，吸引了总理的目光，他停下了脚步。

“你叫什么名字？”总理微笑着问孔志清。

孔志清激动得愣了一会儿，才急忙回答道：“报告总理，我是云南最边远地区、最小的民族的代表，我是从云南怒江地区独龙江来的孔志清。高黎贡山和担当力卡山之间就是我的家乡。”

“孔志清，孔志清……这个名字挺有意思。难道你们民族也有和孔子一个姓的？”总理问。

“以前，我们没有姓，没有学校，也没有人念过书。我的名字是北平市植物研究所的研究员俞德浚先生给取的。有一年，他随马帮到我的家乡来搞研究，他说我机灵，聪明好学，就带我到大理念了书，并给我取名为孔志清。”孔志清答道。他对自己很满意，他没有慌乱，作为20年前来到山外求学的第一个独龙子弟，他的汉语表达并没有障碍。

“哦，那你是哪个民族的？”周总理接着又问。

这个问题却让孔志清有些离神了，在稍稍停顿的一刻，总理似乎已经猜到了什么，他在等待，微笑着等待。孔志清顿时心里充满了委屈，他的民族，从来就没有一个堂堂正正、响响亮亮的名字！看着周总理关切的眼神，孔志清多想把自己民族千百年来饱受的辛酸苦难通通向总理倾诉啊，但他知道总理为亿万人民日理万机，自己可不能耽误他太多时间啊！“总理啊，我们祖祖辈辈，都被外面的人称作‘野人’‘俅子’‘俅夷’‘曲帕’，并不把我们真正当成人……”说到这里，他禁不住泪水盈眶。

周总理认真地听完孔志清的陈述，先前面带笑容的脸庞开始凝重起来。他关切地问道：“那你们是怎么称呼自己呢？”

“独龙人。我们就是这么称呼自己的。因为我们生在独龙江，长在独龙江。这是我们每个独龙人的名字。”孔志清声音洪亮地回答。

总理沉吟了片刻，随后庄重地点点头：“新中国成立，我们各民族同胞要一律平等。以前的歧视要改变！从今以后，你们的民族，就叫独龙族行吗？‘独龙’很好啊，独异之龙！中华民族是龙的民族嘛。那些对少数民族的侮辱性名称，一律废除！”

中华民族是龙的传人，而现在一个真正带有“龙”字的民族出现了，自然而然，天然契合，似乎这是太古埋下的伏笔！

他们终于有了自己的名字，这是全体独龙儿女的骄傲，这是独龙江畔儿女祖祖辈辈千百年来的梦想。

那一刻，孔志清把手放在胸口上，抬头望着敬爱的周恩来总理，重重地点了点头，眼泪唰地流了出来。这个坚强、刚毅的独龙汉子，自从来到北京，不知流了多少次热泪。

他流泪，不仅因为自己是第一个跨越独龙江，来到北京见到毛主席的人，更是因为在周总理的关心爱护下，自己的民族有了一个铿锵响亮、充满尊严的名字——独龙族！他恨不能立刻回到故乡，把这天大的喜讯告诉自己的同胞……

民族代表团参观、学习活动遍及京、津、沪及大江南北，直至1954年初春，孔志清才回到怒江。孔志清先在大理集中学习，参加各级党政机构召开的“民族团结大会”，但他急于回到怒江，回到贡山，回到独龙江。

虽然只有一条他出行前沿着碧色湍流一路南下的马帮小路，但他现在要昂首北上，向独龙族同胞喊出一声："我们新生了！我们的名字叫独龙族！每一个独龙人都要新生一次！"

这不比草叶！

不比花树！

甚至不比湍湍淙淙的江水！

是峰上高峰，矗立云端！

仿佛是世纪呼唤必有的回声。

2

不久，一个新生命呱呱坠地。在独龙江深处，万山丛中，一个仅有几张草席面积大的偏坡上，石片房的缝隙里透出青蓝色的炊烟，一阵浓似一阵，末了，在高大杉树的腰间绕成一道"脐带"，接着，在霞光中越升越高。一个木盆将热水从低矮的门洞里泼了出来，在男孩子特有的洪亮的嘶哭声中，这盆殷红的热水分成细流，融化了门前的冰雪。

这个应时降临的新生儿，第一个领有"独龙之子"的称谓。他就是本书主人公高德荣。

高德荣是幸运的。他是共和国"接生"下来的。

他的老舅孔志清就站在"产房"的门槛上。

这一切仿佛天缘。

时间忽然不依岁序而进，而是一个蓦然转身，将以往几千年抛在了身后。孔志清是在较晚的时候，才知道在他的族群里，新添了一个孩子。在生存艰难、丁口很少、增长极其缓慢的族群里，新添一个男孩儿，有如在群山震荡之际，诞生了一座会长的山峰。按照族中辈序，这个名叫高德荣的孩子是他亲亲的外甥，他这个舅舅的脚底似乎垫高了一截。但这份喜悦是迟到了的。

就在他作为“独龙第一人”进京的这年，即1952年8月，中央派出的西南民族慰问团代表中央人民政府、代表毛主席邀请民族代表进京参加国庆周年庆典的同时，在中央慰问团代表成员中也特意安排了社会学、民族学专家，并在出发前，对他们进行了民族政策、民族理论的初步培训——也就是说，与完成邀请民族代表的紧迫任务同时执行的还有一项更具远略的任务，就是对云南纷繁复杂的族团、族群及其难以厘清的支系进行调查、鉴别，并对各民族所处的社会发展阶段进行科学鉴定，以备为中华人民共和国即将实施的《民族区域自治法》立法和其后制定促进民族团结发展的政策法规提供正确的、科学的依据。

这是中华人民共和国最伟大的创举，是作为一个多民族国家初期建政最为精细最为繁复也最为伟大的创世工程。

孔志清有多忙？如果说他极其“意外”地成为独龙族当时唯一具有现代教育背景的知识分子，那么，他就被历史“必然”地作为了一根架设在独龙江上的“独木桥”。共和国一切对独龙族的关注、了解、政策制定、初期建政等等无比繁复的重荷都要从这座“桥”上通过。

独龙族世世代代在独龙江畔繁衍生息。据史料记载，大约在汉武帝时期，独龙族同胞属于生活在中、印、缅三角地带的日旺部落的一支。唐代的樊绰在《蛮书》中称他们为“绣面部落”——谓之以文面为俗。然而，正是这一信息，透露了独龙族原始崇拜的邃远，可以直追太古。在《大元一统志》中，独龙人被称为“撬”。明清时被称为“俅”或“曲”。没有关于这个民族人口最盛时分布区域、生产生活、战争及社会变迁的记载，其余则更杳然。这转而证明，历时数千年封建社会的歧视、压迫，几乎将这个古老民族抹去。

由于地域的封闭，生活在独龙江的人鲜为外人所知。从晚近的一些史料中，可以大致看到居住在独龙江的先民们的形象。清道光《云南通志》载：“俅人居澜沧江大雪山外，系鹤庆丽江西域外野夷，其居处结草为庐，或以树皮覆之。男子披发，着麻布短衣裤，跣足，妇女耳缀大铜环，衣亦麻布，种黍稷，劚（掘）黄连为生，性柔弱，不通内地语言，无贡税，更有居山岩中者，衣木叶，茹毛饮血，宛若太古之民。俅人与怒人接壤，畏之不敢越界。”

今天独龙人终于有了自己的名字！这是独龙儿女在伟大新中国才能实现的光荣梦想。

孔志清是独龙族同胞的骄傲。当地人是这么评价他的。

七八岁时，即民国初年，他被父亲送到怒江边的永拉嘎小学读书，后又转到茨开省立小学就读，成为独龙江历史上第一个读书人。有一年，北平市植物研究所的研究员俞德浚到独龙江考察。孔家大小对这位戴眼镜的先生和他带来的马帮可热情了。每天，孔志清给他们放马，到江里捕鱼，到山上打猎，挖山药招待他们，他们外出采集植物样本时，他就给他们当向导。

一天，他们看到一棵开得火一样红的花，都连声叫好，但他们只能抬头眼巴巴地看着，因为那棵花长在高高的绝壁上。他们正在遗憾时，只见一个人影攀着一根青藤，从山顶飞快地下到花开处的绝壁，用镰刀几下挖起那棵花。这个在悬崖绝壁上的“飞人”就是孔志清。他的真诚和勇敢深深地打动了那位“眼镜先生”。后来，俞德浚在返回北平的途中，为孔志清办理了国立大理政治学校的入学手续，还资助路费和学费，让他在大理学习了5年，使他成为独龙族历史上第一个到内地读书的人。

这时的怒江—独龙江地区，在地理概念上仅为极少数的人知晓。抗战前期，以北平为中心，民国政府建立的“殖边”“垦殖”机构里已经有部分留学海外的知识分子，尤以事农兴农为志向并获得动植物专业知识的青年学人，对滇地边疆产生了浓厚兴趣。但国力之薄弱、政治之腐败，加之日本帝国主义步步进逼侵略中国，这些怀抱理想的学人不过是在走马云南之后，留下匆匆足迹而已。全国抗战后，国民政府的所谓地理、人文、建筑、生物等研究机构，收拾残匣破卷，四散南逃，部分暂时蛰居云、贵、川僻远地带。他们最具代表性者，莫过“中央营造社”之梁思成，其处境之悲惨、梦想之微茫，成为此后中国“知识救国”令人忍痛卒读的篇章。北平植物研究所俞德浚先生属于他们中的一位前行者。我们现在已经很难判知他将孔志清“渡”出怒江怀抱是怎样一种心结，但可以肯定，他对一个独处世外的“土著”孩子及他的族人的深切同情，并相信知识可以影响一个族群的命运，对此他是有着希冀与信念的。中国知识分子的良心在此，不过一闪，如残断梦境，但它却真真实实地接续了中国文化中“德”的核心理念，并且在孔志清及本书主人公身上发生了奇缘般的连接。

解放前夕，国民党在大陆败势已定，这时的孔志清，被委任为独龙江地区一名乡长。云南解放后，中共党组织动员他出来工作。一开始他心里十分害怕，不知道共产党与国民党和统管独龙人的藏族土司有什么不同。他提心吊胆地来到贡山县城茨开，接待他的是一位身着绿色军装的解放军首长。孔志清是通汉文的，知道首长的含义有别于“长官”，但对握手礼却陌生，他刚刚想举手敬礼，这位首长却紧紧握住他的手，一握再握，那一刻，他的恐惧和忐忑一下烟消云散。首长说：“辛苦了，出山来你走了几天吧？先烫烫脚！”随后，招呼警卫员帮他卸下鞍马和厚厚的披毡，眨眼，大盆热水就端到他的脚下。接着，是热饭、米汤和“坨坨肉”。但他瞥见，这些军人吃的却是稀饭和苞谷茬子，下饭的仅有山椒。没想到，这一瞥，也在首长眼里，首长给他端来一碗盐巴——多年之后，孔志清未敢忘记，他足足盯着那碗盐巴看了半晌，要知道，在独龙江深处，这碗盐巴值一个“袁大头”（银元）！

整整一夜，解放军首长给他讲党的民族政策，讲共产党为全国各族人民谋幸福的宗旨，他读过书有功夫，记住了每一句话。“中华人民共和国是各民族共同的家，这个家原本就有很多兄弟。我们是兄弟，起房建屋要大家合力才行啊！”“你和你的同胞，长年保土守边，好比你身上的独龙毯，不是在织机上也要‘锁边’吗？不能经线纬线散开——中国人民解放军要进独龙江保卫边境，你们欢迎么？”他当即应道：“欢迎欢迎！打篱笆打桩子我们出力！”首长哈哈大笑，说：“我们共同保卫自己的家园！”这些话，在他之后的生命历程中，成为终生的一道“福经”，不知向多少同胞动情地叙说过，以至每每哽咽泪下。临走时，解放军首长希望他做好独龙族兄弟的团结工作，并送给他很多盐巴、茶、布匹和针线。

回程，没有云雾。

然而，他的脚步并不轻松。

有沟有坎有悬崖。悬崖飞瀑，扑打在他灼热的脸颊上，折断的冰柱甚至刺伤了他的马，那马一抖耳朵，一声嘶鸣，峡谷怵然一震！

刚刚解放不久的贡山县怒江沿岸，刚经历了德钦吉福土司的武装骚扰，人们惊魂未定。这年，又传来谣言，说什么共产党来了，“要杀很多人，保长、甲长都要杀光”，“不准群众信教”，“一个村子只准用一把菜刀”，“共产共妻”等等。当时，独龙江群众不明真相，产生很多顾虑，准备逃往缅甸。

孔志清思绪万千。说实话，听到贡山的国民党统治被推翻，他心里非常痛快。多年来，孔志清目睹国民政府及反动土司对独龙人的剥削、压迫和侮辱，几乎让独龙人民走投无路。现在，他回来了，他对大家说：“怒江山外的情形怎么样，大家没有亲眼看见，没有见过的事情就像迷雾遮眼一样不能相信，大家先安定下来，拴住你们的牛马，不要往境外跑。共产党领导的解放军是穷苦人民的队伍，这是我亲眼看到的。山外的穷苦人跟那支戴红五星、红领章，穿绿军装的军队亲如一家，你们放心好了。”接着他讲了解放军首长送他盐巴的事。

独龙人有自己的创世传说。

这是一个如太阳一般明亮的续篇。

从此时起，世居独龙江的独龙人，没有一个人离开乡土流徙境外。

在独龙江南部的孟顶村，一天，有人给孔志清的表妹阿妮和阿妮的丈夫巴吉带来口信，说他们的表兄孔志清刚从北京回来，如今，他是县长了！他要到他们村里，告诉乡亲们一个天大的好消息。那天，人们比过“卡雀哇”节还快乐，大家都停下手中的活计，穿上过节才舍得穿的民族盛装，大老早就站在村头等候了。

孔志清到孟顶村那天，又一场大雪袭来，但人们都不感到寒冷，站在村头耐心等候。傍晚，人们看到，他们的县长穿着一件裹满冰雪的军大衣大步走来，系着红布条的手枪在屁股后一甩一甩的。小村一时欢腾起来。几十个男女簇拥着他问长问短，他就是浑身长嘴，也回答不完他们的问题。这么多人，没有哪家的屋子能容得下，于是，在一个老人的提议下，人们来到村中心一块空地上，大家七手八脚，扫雪的扫雪，生火的生火，很快，差不多有一间屋子大的火堆燃烧起来了。

在火光中，孔志清端起一碗热茶，一口干了，接着激情洋溢地讲开了：祖国的大好河山、北京、毛主席、周总理、中华民族大家庭……人们第一次听到这些字眼，都张大了嘴巴，眼睛一眨也不敢眨地望着他，雪花落在地上的声音也听得清清楚楚。尤其是巴吉小两口，更是大气也不敢喘，生怕漏掉自家兄弟说的每一个字。

孔志清笑容满面地说：“乡亲们，新中国成立后，在党的领导下，我们独龙江新旧两重天。党中央、毛主席、周总理给了我们一个响当当的族名——独龙族。我们和全国各族人民成了一家人。独龙族人民由‘会说话的牲口'成为国家的主人了。我们伟大领袖毛主席说过：'各民族无论人口多少、历史长短、社会发展高低，都是中华民族大家庭中的一员，都为祖国的历史和文明做出贡献。'为此，我们要自信、自尊、自立、自强。"说到这里，他把目光转向刚新婚不久的阿妮和巴吉："从现在起，我们独龙族出生的孩子，都生在红旗下，长在红旗下，将有美好幸福的生活等着他们。"阿妮和巴吉深情地对望一眼，大家笑起来。

孔志清讲完，有人抱来早已准备好的竹子投进火堆，竹子在烈火中爆裂时发出了响亮的噼噼啪啪声，独龙江没有鞭炮，人们常以火烧青竹发出的巨响来欢庆节日。有人还跑到孔家，提来了那个孔家传世的大铓锣，敲打起来，烈火中竹子的爆裂声、铓锣声，震得树上的积雪簌簌掉落。

后来，整个独龙江的人都在说着他到北京的故事，人们在狩猎的时候说，在网鱼的时候说，在种地的时候说，在放牛的时候说，在采药的时候说，在大江边说，在火塘边说，甚至在炕头上说。

独龙江的江水永远流不尽，北京的故事永远说不完，党的恩情永远忘不了。一个偏远边疆的少数民族，自此与伟大的首都，与共和国的命运紧紧相连。

3

1954年3月，云岭大地的许多地方，已经有了春的气息。清晨，布谷鸟一声声带血的啼鸣在分外明丽的田野回荡；冬闲田里，在早晨的阳光下，闪射着刺目的雪光，手指大的鱼儿不时泼刺刺跃出水面，捎带着一大股扑鼻的春水散发的清香；田埂上和河畔的青草破土而出，任性而又充满活力的春风长驱直入，大地一时桃红李白。

在遥远的独龙江，仍是一个冰雪的世界。巴吉和村里的几个猎手迎着飘舞的雪花，踏着厚厚的积雪走进山林，指望着能打到几只山兔或野鸡，晚上美美地吃上一顿。

到了半山，雪停了，灿烂的阳光透过树枝洒在洁白的雪上。他们背着弓箭一步步往前走着，脚下的积雪发出咯吱咯吱的声响。大雪覆盖的树林里，几乎看不到动物的踪影。巴吉英俊精悍，精通猎渔，唱得一口动人的独龙歌调，人们都喜欢跟他在一起。突然，巴吉站定了，轻声提醒大家："嘘，别出声，你们看！"顺着巴吉手指的方向看过去，所有人都惊呆了。不远处，竟然有一群熊！这群熊有两只大的，三只小的，好像是一家子。这个时候，它们不是该冬眠吗，怎么会在这里欢快地嬉戏？他们警惕地取下了背在身后的弓箭。就在这时，那群熊也发现了他们。他们紧张地拉开弓，随时准备放箭。出人意料的是，那群熊看了他们两眼，又自顾自地嬉戏开了，让巴吉和村人们面面相觑。平时见人就扑的大熊，今天怎么无动于衷了？一只大黑熊兴奋得像喝醉了酒，一下下地用笨重的身躯撞击一棵被冰雪包裹、牛腰一样粗的百年老树。随着它不断的撞击，包裹在树上的冰壳碎裂开来，人们惊喜地看到树身上长着几大丛肥厚的灵芝。巴吉对同伴说："我们回家吧！既然大熊都没有袭击我们，我们怎么还忍心去伤害它们？这也许是神灵在提醒我们：今天不是打猎的日子。"他的话音未落，群熊突然像一阵风似的不见了，仿佛根本就没有出现过似的。但树身上的几大丛灵芝，又告诉他们刚才看到的都是千真万确的事。他们上前，七手八脚采下珍贵的灵芝。

回村时，远远地，他们惊喜地看到，一条绚烂的彩虹高高地挂在村子上空，像是一条七彩缤纷的巨龙。村前村后银装素裹的树枝上，落着数以百计、七彩缤纷的野鸡。天寒地冻，这在平时并不多见，在白茫茫的世界，它们像是一团团燃烧的火，让人感到无比温暖，它们欢快的叫声，盖过了村头的河水声。村里的大人小孩都跑出来看新鲜。一位德高望重的老人惊叹地说："今天一定是一个吉星高照的好日子。"

巴吉忍不住思忖，到底有什么好事发生呢？莫非是自己的女人阿妮要生孩子了？这将是他们的第一个孩子。自打阿妮怀孕后，就像村里那些妻子有了身孕的男人一样，巴吉每个月都往一根麻绳上打一个结，记下妻子怀孕的月份。按时间算，孩子应该在这几天出生了。巴吉一边想一边跟着大家进村，刚来到村头，就见母亲满脸是笑地迎上来："巴吉，你当爸爸了，是个男孩。"人们欢叫起来，把巴吉抬起，扔得老高。

刚才说话的那个老人又开口了："巴吉，你可是喜得贵子了。今后他有出息，叫他可别忘记我们呀！"巴吉乐得嘴都合不拢，大声说："他要是真有出人头地的一天，这小子敢忘恩负义，看我怎么收拾他！"人们大笑起来。玩够了，大家都把手中的灵芝硬塞给巴吉的母亲，说是送给阿妮去补补身子，让孩子更健康。

当晚，巴吉做梦了，梦见自己的儿子从独龙江跨步而去，迈过高黎贡山，飞过六库，飞过昆明，就像一条龙在空中盘旋飞舞。大家跟在儿子后，在草地上唱歌跳舞。醒来后，梦中的事情让他兴奋不已。他想，这孩子是不是也像他舅舅那样有出息呢？

次日一早，巴吉用力推开几乎被积雪掩埋的柴门，就见他家的屋檐下，放着一堆堆鸡蛋，虽然每堆只有三五个，但加起来，有三四十个。此外，还有三条肉干，两只缚了脚的独龙鸡和几朵灵芝。他的眼睛湿润了，心想：孩子，从一生下来，你就欠着乡亲们的情，长大了，你可要加倍还给人家啊。

直到三个月后的一天，身为孩子舅舅的孔志清，才拎着一只大红公鸡，兴冲冲地来到巴吉家。大雪封山，再加上他正为修建一条从贡山通向独龙江巴坡的人马驿道的事而上下奔波，现在才赶到。

作为独龙族有史以来第一代读书人，孔志清对自己民族的历史和现状再熟悉不过。远的不说，就说20世纪50年代，独龙人还保留着原始社会母权制崩溃后以父权制为主的原始共产制大家庭，处于原始社会末期父系家族公社解体的历史阶段。整个独龙江河谷聚居着木金、当生、木仁、木江、陇吴、江勒、姜木雷、凯尔雀等15个父系氏族。一个父系氏族又分化为几个兄弟氏族，一个兄弟氏族又成为一个家庭公社，每一个家庭公社又构成一个自然村落。家庭公社大的有10多户，小的只有一两户人家。他们有3种土地占有形态，即“公有共耕”“伙有共耕”“私有自耕”并存。生产方式极为落后，长期处于刀耕火种，农作收获只够吃半年左右，要靠采集、狩猎充饥。有的地方还存在穴居、巢居和以树叶为衣的原始生活状态。

制约独龙江发展的最大问题是交通。

别说近在眼前又远在天边的独龙江，就拿整个贡山县来说，由于地处偏僻，直到解放前夕，贡山无一寸公路，仅有数条人马驿道在深谷密林间时断时续地延伸着，各族群众依然过着靠砍刀开路，攀藤附葛而行，过江靠溜索、竹筏、猪槽船的生活。新中国成立后，党和政府非常重视边疆民族地区的经济文化建设。从20世纪50年代起，把发展交通事业作为发展民族经济和巩固边防的头等大事来抓。从此，贡山的交通事业也迎来新的曙光。

1950年8月，为配合中国人民解放军进藏，县政府动员1000多人对维西岩瓦—贡山—西藏自治区察隅县察瓦龙乡的滇藏通道贡山段100多公里的道路进行了整修，搭架便桥10余座。这是新政权建立后，全县各族人民对滇藏通道首次进行较大规模的修整。在1950年修复的基础上，1957年至1958年期间，采取国家拨出专款，贡山、福贡两县组织人力的方式对贡山至福贡人马驿道进行重新修整。工程直接从布腊岩腰间凿通一条栈道，两县之间来往无须再翻越季洛娃皮山口，路程比原来缩短了10余公里。

独龙江夹在两座山脉之间。西边的担当力卡山山脊为中缅边界，无路可通；东边的高黎贡山只有一条靠人手攀越和足迹踏出的羊肠小路可到贡山县城。路上，遇上悬崖，人们就用一棵原始森林的树干，砍出一些深浅不一的印坎，搭在山崖上，称为“天梯”。人爬上去，一不小心，“天梯”翻了，人坠入深谷，也就粉身碎骨了。

独龙族同胞背着药材或兽皮到贡山县城交换盐巴、火柴等生活用品。走这样的路，来回一趟要大半个月，要是在途中遇上暴风雪，“天路”被大雪覆盖，不被冻死，也会跌入深谷摔死。

多年来，作为新中国成立后的第一任贡山县县长，孔志清和怒江州的领导干部一直向上级呼吁，给独龙族同胞修建一条从贡山县城丹当越过高黎贡山连接独龙江巴坡的人马驿道。党和政府听到了来自独龙江畔一个民族的迫切呼声。于是，为独龙族同胞修路的计划，从北京到省再到州县，开始变成现实。

这次回来，他要把这个好消息告诉乡亲们。

听到县长来了，村里的人都赶来看望。孔志清与他们嘘寒问暖。他笑容满面地说：“乡亲们，今天，我又有一个喜讯要告诉大家：国家将出资支持我们独龙江修建一条人马驿道，用不了多久，独龙江就将有一条通向外面世界的道路了！”

人们先是张大嘴巴，随后欢呼起来。

巴吉眉飞色舞地向他说了孩子出生那天夜里他做的那个美梦，大家都笑了起来。孔志清也微微一笑，说：“之前我就对大家说过，新中国成立后，我们独龙江出生的孩子，都生在红旗下，长在红旗下，他们个个都有福气。过几年路一修通，我们独龙江，不天天都像吉日吗？”大家都笑起来。

阿妮把孩子抱过来。孔志清高兴地把外甥揽入怀中：“好孩子！真是好孩子！你看他的眼睛，多大多亮！你看他的头发，多浓多黑！还有他的脸庞，多么饱满红润！阿妮，你真有本事，把娃娃养得这样好……”

阿妮红着脸说：“全靠乡亲们送鸡送蛋送肉给我吃……”

“表哥，您帮他取个汉名吧！我一个大粗人不会取。”巴吉搓着手，急切地对孔志清说。

孔志清想了想，说："我希望这个孩子志向高远，将来做个有道德、有抱负的人，能为我们独龙族同胞争光，成为独龙族同胞的光荣和骄傲。就叫他高德荣吧！"

巴吉和阿妮相视一笑，不断地点头。

孔志清呵呵笑了，低下头对着怀抱中的孩子说道："德荣，德荣，你知道舅舅在叫谁吗？哈哈，叫你呢。以后等我们把独龙江的路修通，就送你们这些孩子去昆明、北京念书。等你们将来长大了，再回家乡修更好更多的路，到时候，再大的雪也封不住我们，我们一起把家乡建设好。好不好呵？"小德荣眨巴着眼睛，扬起小手摸了摸舅舅的脸。大家开心地笑了。

人们听了孔志清的话，无不兴高采烈。他们七嘴八舌地说：是啊，等我们的孩子长大，我们就能和山外的各族人民一样过上不愁吃、不愁穿、有路走的好日子啦……

孔志清摆摆手打断大家的话，激动地对大家说："你们盼望着早一天过上幸福美好的生活，不正是我们整个独龙民族的梦想吗？这要在以前，我们可是连想都不敢想啊。一个民族有美好的梦想，才会有追求，才会有动力。只要百折不挠，顽强拼搏，我们的梦想就一定能够实现。"说到这里，他面色严峻地说："幸福不是等来的，需要我们从现在干起，绝不能坐等孩子们长大。汉族同胞有句话说得好，'今年种竹，来年吃笋；前人栽树，后人乘凉'。一代人有一代人的责任和追求。我们不能再过老祖宗刀耕火种、打猎捕鱼的生活了。我们要学习种稻谷、种茶叶、种药材，要养猪，养独龙鸡，养独龙牛、黄牛、牦牛和黄山羊。用汗水改善我们的生活，同时也给后代创造财富，让他们有一个更好的成长环境。大家有没有信心？"

"有！"响亮的回答在独龙江峡谷间回响。

孔志清欣慰地笑了："让我们现在就行动起来！"

4

独龙男人的日子大多属于一把刀、一张弩、一壶酒、一支烟斗，有的男人外出赶马，有的每天到深山老林里挖药材，有的还到缅甸去做生意。

而群山不走，独龙江的女人也不会走，就像生长在夹峙着独龙江的高黎贡山和担当力卡山上的那些百年雪松，因为她们有根，不会像那些被风驱赶着、走得五零四散的流云。

一粒种子落土、发芽、抽枝、开花、结果、落叶飘飘的过程，也就是她们一生的历程……

女人们的日子大多在背上、肩上、手上、脚上。独龙江的天，尤其是大雪封山、与世隔绝的日子，长得像没有尽头，但她们却有干不完的活：浆洗、汲水、背柴、挖药材、放牧、鞣制兽皮、腌肉、生火做饭，山地里的播种和收获，当然更少不了她们。

有时，小小的高德荣会凝神地望着正在劳作中的她们，她们的一举一动，沉重、凝缓、质朴、亲切，透溢着一种回天的力量、无言的美感。

她们像深山老林一样沉静，像生长在深山老林的花草和鸟兽一样沉静。

家里来客，上一样菜，男人就开始陪客人喝酒了，女人从烟火中，悄无声息地把菜一样一样端出来，等男人和客人吃饱喝足，才就着残汤剩菜，草草把自己的肚子填饱，然后忙着刷锅洗碗，给男人和客人端茶送水。家里办红白喜事，她们也像飘忽的影子隐在男人身后，默默干活。

深山里的生活是简朴、单调的，但独龙女人个个都是出色的画家。她们让少年的高德荣领悟到深山生活既钝重又很浪漫的一面。她们飞针走线，编织一块块独龙毯，是高德荣最常见的画面。她们剥麻、捋麻、煮麻、漂麻、捻麻、染麻、织布……全部靠一双手。

“黑色的颜料，要把核桃树的老根舂成碎片再加水煮；绿色的，则要去山里割‘辛那那布’（一种草叶）再加水煮；要桃红色或蓝色的颜料，就去采长在山崖上的‘温辛’（野花），把采到的花朵揉烂、舂碎，汁水就是桃红色或蓝色的……”

高德荣常看到母亲忙活。在村里，母亲是公认的心灵手巧的女人。她一边对村里的姑娘们说着，一边向她们做着示范：把需要染色的麻线分别放入这些颜料中搅匀、闷泡、煮沸，再投入清水中漂洗，然后晾干。经过这些工序，染过的麻线就可以用来编织彩虹般绚丽的独龙毯了。

在独龙语里，独龙毯叫“约多”，穿着样式分场合而定，劳动、节日、喜庆、生活着装的样式各有不同。独龙毯一般一米多宽、两米多长，多斜披背后，由右肩左腋围向胸前，在右肩处拴结，袒露左肩左臂，成为独龙族特有的服饰。独龙毯一物三用，睡觉时当铺盖，外出时又当外衣，还用来围裹小孩儿。

天的远方，柔和的太阳格外温暖。在独龙女人们心里，万物有灵。地头、树下，她们抱膝坐在草地上休息时，不时有蚂蚁爬到脸上，虫子飞到身上，她们轻轻拈起，又轻轻放在草丛中，其举止、神态，俨如母亲对待自己淘气的孩子。

日子像山路一样长。晚上，火塘燃着，她们一边做针线活或剥苞谷，一边给孩子讲比大山还古老的故事或传说。再讷言的女人，讲给孩子听的故事或传说里，男人总是爱憎分明，能征善战，女人总是像身旁的火塘一样温柔、恋家。火光舔着她们的脸，使她们在孩子眼中，有一种说一不二的庄严。她们说着，不忘往火塘里添一块柴。她们相信，夜色再深，天气再寒冷，男人烈酒喝得再多，心再野，走得再远，只要火塘不熄，他们就能找到回家的路。果然，她们竖起的耳朵，听到了他们或轻或重的脚步声，由远及近，声声传来。

每天操劳沉重琐碎的生计，她们的眼角往往过早地呈现出细密的纹理。

只有当她们抬起头，手搭凉棚，用星星一样明亮的眼睛打量高空时，顺着她们的视线，高德荣才发现，自己看不得她们那么辽远，也看不到她们所能看到的东西。

和当时所有的独龙孩子一样，高德荣也是在火塘边听着爷爷奶奶的故事长大的。他听到的第一个故事，是关于人是从哪里来的传说。爷爷说，开初，大地上是没有人的。有一年，有一个叫格蒙的神灵从天而降，下凡到木肯木当——独龙峡谷里的一个地方。大地上有飞禽走兽，但没有人跟格蒙说话，格蒙感到太寂寞，就随手用泥土造了些人，独龙江峡谷于是有了人。后来，山洪铺天盖地而来，直淹到高黎贡山的最高峰格瓦格布峰上，除了有一家两兄妹躲在峰顶的岩洞里幸存下来，其他人都被山洪吞没了。格蒙要他们传宗接代。哥哥说：如果竹筒里的水倒在石板上能够变成九条江河，我们兄妹就结成夫妻。妹妹说：如果我们兄妹能生下孩子，就让他们成为九条江边的人烟。

九条大江果然从峰顶奔涌而下。兄妹俩生出了九男九女，九对兄妹又结成九对夫妻，在岩洞中生起了九个火塘。他们后来在木肯木当分了手，顺着九条江去寻找他们重新生活的地方。峡谷里只留下了独龙人，他们与世无争地生活在这个孤独寂寞的角落。

爷爷说：大山外所有的人，都是从格瓦格布峰的九个火塘边走出去的。

有一回，高德荣问爷爷："山外是什么样子？"

爷爷骄傲地说："我们独龙谚语讲：'有盐吃想到东方，没有盐吃也想到东方。'我有你这么大的时候，也问过我爷爷外面是什么样子，他给我讲了一个故事：有人问我们的祖先外面是什么样子，祖先一句话不说，只是抬头看了看东方的天空。大家便认定外面就是太阳升起的地方吧！以后我带你到高黎贡山格瓦格布峰上看看，那里是我们独龙人的圣地，天神格蒙造人的那块石板，还好好地摆在上面呢。"

这样的故事，像独龙江一样到处流淌，又像奔突在独龙人血管里的血液。

但高德荣显然不满足于这样的回答，他把目光投向奶奶，奶奶说：“我也不知道，这事只有问你舅舅，没有他不知道的事情。”

母亲苦笑了一下：“问你舅舅？你们难道记不清，他忙着为大家修路，都快有两年没有到过我们家了。”

5

舅舅再忙，终于还是到他们家来了。

一年有大半年，一天两顿饭，中午吃土豆，晚上也吃土豆，这是全村所有人家的生活状况。这天傍晚，高德荣和父母一起到江对岸的山地里割荞子回来，一家人围着火塘，刚从火塘的热灰里扒出土豆蘸着盐巴吃着。

高德荣忽然听到自家的猎狗在门外欢叫起来。他走出去一看，一个浑身泥土、蓬头垢面的中年人笑眯眯地看着他，好一会儿，他才认出是舅舅。

他欢叫着扑了上去。

舅舅一屁股坐在火塘边，从火塘灰里扒出土豆，连皮都不剥就往嘴里塞，更别说蘸盐巴了。吃着吃着，舅舅靠着木楞墙就睡过去了。

天大亮，舅舅醒来了。阿妮为他剪了头发，又找出一身巴吉的干净衣服给他换上，舅舅又变得像平常那样精神抖擞、笑容满面了。舅舅要巴吉把村里的乡亲都请来，说有事要求大家。巴吉从门后的墙壁上取下牛角号，抬头吹了几声。很快，全村的50多个男女老少都来了。

独龙江难得有晴天，这天却艳阳高照。舅舅站在灿烂的阳光下，对大家说：“乡亲们，按计划，再过几个月，我们独龙江的人马驿道就要建成了。我们就要有一条通向外面世界的路了。”

人们欢声雷动。

舅舅说："但现在还不到欢庆胜利的时候。我这次来，是来请大家去帮大忙的。说老实话，也是去干我们自己的事。独龙江道路修建，现在到了赤脚走刀尖的阶段，但由于人手紧缺，按目前的进度，是无法如期完成任务的。所以，我希望村里的男劳力把地里的活计放一放，带上自己的口粮和被盖，一起到工地，为我们自己的道路，流几身透汗，将来走在路上，也才心安理得。"

村里20多个青壮年四散开去，纷纷回家收拾东西。

这年，高德荣已经10岁，已成为大人的一个好帮手。他央求父亲："阿爸，让我也去吧。"

父亲直摇头："德荣，修路可不比放羊打柴，整天舞锄抡锤的，你还小，绝对干不了。"

高德荣头一昂："可我能帮着做饭打柴啊。我可不想白走人家修的路啊。"

父亲征询的目光投向舅舅。

舅舅说："好，有志气。青笋苦笋都是竹子，干事不分大小。跟我走吧。"

他们从孟顶村赶到巴坡村时，那里也站着几百个独龙江的人，扛着锄头，背着行李和粮食。一问，都是舅舅派人动员去参加修路的。

上级怕影响独龙族同胞山地里的收种，来年饿肚子，几百个独龙族青壮年只在筑路工地上干了一个星期，就让他们回村了。

但这短短的六七天，让小小的高德荣一生都不会忘记。

一进入独龙江峡谷，高德荣看到，陡崖、深谷、江河、湿地、沼泽、高山，似乎处处都有筑路的大军。工地上红旗招展，炮声、大锤击打石头的声音、劳动的号子声经久不息。

一队人马开来了，他们一到工地，人们便高声欢呼。他们是驻守在独龙江的边防官兵，是从边防哨卡上下来的。他们驻守在最高的山上，那里的垭口像剪刀，山峰像刀尖。这支绿色的队伍像一条翠色的毯子，一下，衬得身披独龙毯的独龙族群众如同满地鲜花。他们带来了工兵，在最陡峭的山崖上凿崖爆破。大家常常被惊呆了，这些神兵腰间系绳，像猿猴一样悠悠荡荡，将三个拳头大的铁锤抡成流星满月，接着便是轰隆炮声，砧板一样的绝壁便“切”出一道深坎，碎石仿佛流星雨直射江的对岸……

第二天，有解放军的一小队人下到江底。直到晚上，江底升起并游动着越来越多的火把。神色凝重的舅舅像一只马蜂蹿上蹿下。

后来，高德荣才知道，有一位解放军战士牺牲了，他被落石击中，坠入深深的江水中。在跳跃如奔虎的江面上，即便再多的人，也找不到他的身影，即便再快的脚步也撵不上湍急的江水。

舅舅只捧回一块带血的石头。

男人向天上鸣响猎枪，把红石头供放在驿道大转弯的一座独立岩石上。女人送上了野芭蕉叶包裹的荞团……

自那个晚上，独龙族有了新故事。没有人知道那位解放军战士长得什么样子，只有人说：“啊，就像两匹叶子的芭蕉树一样年轻！”

“牺牲”是什么？沉默如冷铁的舅舅不肯说。高德荣却似有所悟，就是像江浪一样不留脚迹，像明艳的红石头一样照着路心。

天气变化多端，时而暴雨如注，时而烈日当空，但男人们都裸露着脊背，有的挥刀砍树，有的抡动大锤砸石，有的挑土……人人一身泥汗。舅舅动员来的两三百人，一加入这支前不见首、后不见尾的劳动大军，就像一群羊走进另一群羊，分不清你我了。

只有解放军的施工队伍，永远在一面红旗下集合，是一个整齐的方阵。他们承担最危险路段的开凿，用哨子声指挥爆破。急促的哨声表示要规避爆破口；更急促的三个短声表示引爆即将来临，工地人员迅速隐蔽；一个长声是解除警报——小小的高德荣为此着迷。世界上怎么会有这样一群人，他们动作一贯，目标一致，攻坚克难，视死如归。他们比峡谷里最硬的石头还硬，比最直的树还直，他多想成为这队伍中的一员。

晚上，他们从大锅里舀一大碗野菜煮玉米面，几大口吃下去，很快，便挨个躺下，三声长哨后，从一个个树楼、草棚、岩洞中传来如雷的鼾声。天亮醒来，高德荣看到，他们手上、脚上，甚至肚皮上、胸脯上，都爬满了蚂蟥，血流如注，吃饱的蚂蟥滚开，更多的蚂蟥又蠕动着吮吸这些热血躯体……

10岁的高德荣被编在后勤组，每天和从县里调集来的十几个妇女一起挑水、挖野菜、砍柴、做饭，从早到晚没有闲下来的时候。他的能干和舍得吃苦，很快赢得她们的称赞。带着妇女们忙活的是本地的一位汉族女干部，一头齐耳短发，大大的眼睛，雪白的牙齿，年轻漂亮，听人说她丢下才3个月大的孩子，主动申请来到工地。她能讲不少独龙话，对高德荣像对待自己的弟弟，高德荣打柴、挖野菜时被荆棘扯破的衣裤，都是她晚上就着柴火的火光给补好的。

这天，他跟她上山挖野菜，坐下休息时，看着下面像蚂蚁啃骨头一样啃着独龙江大山的人，他疑惑地问："大姐，我听说，他们大多不是我们这儿的人，以后也不走这条路。他们怎么会无缘无故到这里为我们修路啊？"

事后，他才知道，这位说话细声细语的女干部是一名老师。他知道老师就是教书的。舅舅也当过老师，当老师都要先当学生，当好了学生，才能当老师。

女干部微微一笑，说："瞧你这孩子，他们怎么会无缘无故到这里？毛主席不是说过，我们每一个民族都是中华民族大家庭的一员，独龙族也是祖国的儿女啊。一家人帮一家人做事，是应该的呀！"

他有些听不明白。其实他最为向往的是能当一个学生。他突兀地问道："学生是不是整天读书？"女干部似乎明白他的意思，说："读书才知理，但修路也是翻大书。"这寓意，他就不明白了。

修路的人们不断排兵布阵，炸开挡道的陡坡悬崖，筑起阻挡泥石滚落的挡墙，架起连接深谷河流的桥梁，用石头、圆木垒起深沟的路基……

刚修好的路，有的路段很快就被泥石流吞噬或被雨水冲塌。但人们毫不气馁，垮了又填，填了又堵，堵了又通。反反复复，直到道路成形。

独龙江人马驿道，就这样一寸寸向前延伸……

离开工地那天，舅舅来看他们。他问舅舅："他们都是从哪里来的呀？他们干的活比牛比马干得还多，他们是用石头做的人吗？他们为了什么呀？"

舅舅动情地说："德荣啊，就像独龙江的解放军和老师一样，他们都是毛主席、共产党派来的。他们也像我们一样，也是父母生的，也有血有肉。可为了我们独龙族同胞早一天有一条路，早一天过上好日子，他们可是舍生忘死的啊！你长大后，可不能忘了党的恩情！"

这回，他听懂了，重重点了点头。

舅舅拍了拍他的肩膀："德荣，再过几个月，我们的路就修通了，等举行完工典礼那天，你来看看它有多漂亮。"

高德荣充满了期待："舅舅，我一定来！"

1964年10月1日，虽然高黎贡山顶早已瑞雪飘飘，但独龙江仍一派迷人的景色：每一棵树，还摇曳着春天的旗语；每一声鸟鸣，就像春天打在新叶上的雨滴；每一朵野花，都挥洒着春天的香气；而每一丝风，就像无形的手指，拨动着山水灵性的琴弦，奏出一种春天的旋律；还有那些起起落落的蜂蝶，还在玩耍着春天的游戏。

但这天，没有人留意这些了，大家的心，都紧系在就要通行的驿道上了。

早在几天前，将要在独龙江乡政府的驻地巴坡举行驿道竣工典礼的消息，就像十月的金风，吹遍了独龙江的山山水水、一草一木。

那天，贡山县城到独龙江乡政府驻地巴坡的人马驿道全线开通，第一队驮着独龙族同胞需要的生产物资、日用百货、粮食大米、食盐的马帮进入独龙江，清脆的马铃声应和着赶马汉子欢快的歌声，在独龙江峡谷回荡。

当天，为了参加通马帮的盛典，去踩一踩新修通的人马驿道，放羊的独龙老人披着晨光，把羊赶到江边。羊走了很多路，像孩子一样，口干了渴了，一只跟一只地来到路边的小溪边，全都垂着头，伸出毛茸茸的嘴开怀畅饮。

光彩夺目的独龙姑娘也来到水边，她们唇红齿白，像处处受宠的幸运女孩。她们掬水洗脸，洗过的小脸鲜润、潮红；人们走到她们身旁，就像站在山坡上正在开花的苦荞地里，感受到一大股饱满、潮湿的芬芳。

独龙小伙也来了，他们眉眼飞扬，随手从遍山的绿林中摘一片树叶，吹奏出一首首山歌，真挚、深情。

一时间，朝着巴坡，人们从最北端的迪政当赶来了，从南边的边陲马库赶来了，整个巴坡，沉浸在欢乐的海洋中。

马帮还离巴坡一公里，人们就欢天喜地迎上去，站在道路两边，向赶马汉子递茶敬酒，往他们手中塞煮熟的鸡蛋、芋头和刚从密林中采摘来的野黄瓜。赶马汉子笑呵呵的，喝过茶，饮过酒，却把吃的东西随手递给身边的孩子。孩子们在人前马后雀跃起来。

那天，高德荣穿着一身新衣，跟着大人，一大早就赶到巴坡。走在亲身参与修建的路上，他感到分外自豪。此前，他从没有见过驮货物的马。当那些头上扎着红花、身上披着红绸的藏马浩浩荡荡走进巴坡时，他先是围着那些驮着货物的大马看了又看，后来大起胆子摸了又摸长长的马头，感到从来没有过的欢乐和幸福。

同样，他从来没有见过那么多的“甲木拢”（大号铓锣）、“甲木”（中号铓锣）和“甲木冬”（小号铓锣）在一起敲响。不用说，舅舅家那只大得出奇的“甲木拢”也被一个健壮的小伙子提在手中。他家那只“甲木拢”一敲打起来，好像这里只响着它“当当当”的声音，其他铓锣都成了它的附和，组合的铓锣声在山谷间回荡。有人还吹响了只有狩猎时才用于联络的猎哨、牛角号、竹号。歌声笑声、人欢马叫，响彻整个独龙江河谷，人们再也听不到独龙江的水声。

高德荣禁不住跟着小伙伴们跳起舞来。

忽然，他发现人们慢慢静下来。一看，不远处，一个高坡上，一个干部模样的人摊开双手不断往下压，示意大家不要出声。那位干部说：“下面，请全国人大代表、贡山县孔志清县长给大家讲几句话。”

高德荣撒开脚丫，跑到人群的最前面。只见舅舅把两只手掌拢成喇叭状贴在嘴上，放开喉咙向人们说话。他竖起耳朵听着舅舅讲话。

那天舅舅说了很多话。舅舅说：“祖祖辈辈，我们独龙人有脚，却没有路。新中国成立后，毛主席、党中央没有忘记我们，为我们修了一条道路，这是毛泽东思想的伟大胜利，是独龙族的一次历史性的飞跃！这一条路，把我们和毛主席、党中央、全国人民紧紧地连在一起了，让我们再一次感受到伟大祖国所有民族组成的大家庭的温暖。我们独龙江峡谷的历史翻开了崭新的一页！”

舅舅说：“但我们不能满足。现在这条路，还只能走人走马，而且有大半年时间还会被大雪封锁。但我相信，在不久的将来，我们独龙江，一定会有一条让拖拉机、汽车自由通行的路。那时，就是天大的雪，也不能封锁我们独龙族同胞的脚步了。我们一定能和全国人民一起，走在社会主义康庄大道上……”

高德荣感觉到，舅舅讲话时，显然看到了他，几次把目光停留在他脸上。舅舅说：“只是，我们一定要加倍努力啊。这是一个远大的目标，我们这一代人完不成，还有下一代！”他感到舅舅的这些话，好像是对他讲的。小小的高德荣激动得满脸通红。

舅舅的话音未落，人群发出山风呼啸似的欢呼声。

那天，人们剽牛、杀猪、互敬米酒，通宵达旦地欢庆，一支独龙族人心中的歌，回荡在大峡谷：

红日出东方，
路从东方来，
独龙人的心啊，
向着红太阳……

年幼的高德荣跟在欢乐的人群后面，与大家一起唱着、跳着。虽然他不明白“向着红太阳”是什么意思，但丝毫不能阻碍他跟在大人后面一起欢乐，他觉得整个山寨都被欢乐的气氛包围着。

村寨两旁是高耸的山峰，上面白雪皑皑，村寨里却是暖意洋洋。

第二章 云天书途 红星照耀

1

云雾茫茫的高黎贡山下，独龙江水在深深的峡谷底奔腾流淌。在独龙江两岸，不时能看到掩映在森林中的“千脚屋”，袅袅炊烟从屋顶飘飘而起，渐渐淡开，天地间就如同挂起一帘青色纱幕。

独龙江水日日夜夜，涛声不息，多少独龙人在涛声中出生、成长并长眠于这块土地上。

日复一日。对于大多数独龙人来说，出生、放羊、做农活、成家、盖房，一代又一代，周而复始，没有什么变化。

1966年7月，一个长冬渐行渐远的季节。这个季节是独龙江水最为汹涌，气候又最为暖和的时候。如果在山上，温度仍然很低。一天，高德荣正在一面向阳的山坡上放羊。太阳偏西，在山坡上颠着碎步奔忙了大半天的羊们吃饱了肚子安静下来，正在灌木丛中漫步或趴在地上反刍。阳光洒遍青葱的山峦，树木开满花朵。他的内心洋溢着牧人的宁静和愉快。一只刚出生不久的小羊撒娇地叫了一声，羊妈妈便站起来，让它吮吸自己饱满的乳房。看着眼前这温馨的一幕，一丝浅笑显现在高德荣黑红的充满稚气的脸上。他还没有长壮的身体像竹竿一样清瘦，头发浓密，很久没有理过，乱蓬蓬的，像高高树杈上的喜鹊窝。再过几个月，高黎贡山就要下雪了。山风阴冷，他生了一堆火，身子蜷曲着，把一双手伸向火堆，一双明亮的眼睛却东张西望，眼巴巴地盼着能在这里发生一点新鲜的事情。他也不知道要寻找什么，只是觉得这日子太平淡了，天天都是放羊，难道一辈子都要在山上放羊？他突然想起舅舅，整天都在忙忙碌碌，舅舅怎么会有那么多的事情？村寨里与舅舅年龄相仿的男人们，很多时候是没有多少事情，除了打猎、种庄稼外，大多数时间是在屋檐下晒太阳，或者在火塘边烤火。舅舅与他们不同，竟然到过北京，去过外面的世界，而村子里大部分人连山那边都没有去过。想起舅舅，他就觉得骄傲，但如何才能成为舅舅那样的人呢？看着夕阳下的山羊在岩石缝隙间啃草，少年高德荣咬着草根，怔怔出神。

这时，一阵脚步声从远处传来。他回过神来，一眼就认出，这是边防战士小张叔叔。

他来这里干什么呢？

此前，小张叔叔和他的战友多次到孟顶村动员孩子们读书。他们一到村里哪户人家，就帮着挑水、砍柴，或帮着主人收拾从深山挖来的重楼、贝母、天麻、土黄连等野生药材。人们卖了这些东西，才有买盐巴、火柴、锄头、斧子等物品的钱。他们甚至还帮妇女们捋麻、鞣制兽皮，而这些活计，独龙男人是不愿做的。留他们吃饭或送他们东西，他们总是笑着谢绝，说部队有纪律，不准在群众家吃喝，更不能拿群众一针一线。一来二去，村里那些凶得要命的猎狗，见到穿绿军装的人，离老远就摇起了尾巴。

小张叔叔脸圆圆的，身材像云杉一样笔直，一身军装全沾上泥巴，纽子却扣到脖根。他的肤色也和本地人一样黑红，但一说话，却露出了洁白的牙齿。小张叔叔坐到他身边，一边烤火，一边用刚刚学会发音怪怪的独龙话同他攀谈。小张叔叔说："你到上学的年龄了，应该上学了，成为一个有文化的人。一个人不能光会吃饭穿衣，还要有知识。"

勤劳善良的独龙人民，在过去漫长的历史进程中，创造了富有特色的民族文化，但由于地理条件的限制与封建统治者的民族歧视政策，他们一直处于闭塞落后的生活状态。独龙人虽然有自己的语言，却没有文字，由于大山的阻隔，很多独龙人对于外面的世界并不了解，也听不懂甚至不会说汉话。解放前，不单是独龙江乡没有一所学校，就是整个贡山县，学校也很少。在清末宣统二年（1910年）以前，贡山县没有一所学校。到1950年独龙人解放之前，整个民族只有孔志清、黎明义两人随马帮走出过独龙江，在大山外读书学习，对外面世界有了认识，也学会了汉语。除了他们俩，再也找不出读书识字的独龙人了，独龙人大多都处在结绳记事的阶段。

千百年来，是“路”封住了独龙江，也封住了一个民族，世界风云变幻似乎与这里毫无关系；当驼峰航线上的飞机越过独龙江时，当地的村民吓出了一身冷汗；当外面的人进来时，当地的村民害怕得躲进森林里。

1952年，当中国共产党派出由武工队干部组成的一个工作组翻越雪山来到独龙江时，当地人竟害怕得全都躲了起来。工作组做了大量的工作，开导思想、宣传发动，甚至挖药材换成盐巴、红糖、大米送给当地人，才跟独龙同胞有了深层次的接触，逐渐得到了独龙人的信任和支持。

1953年，当时的丽江专署给贡山县分配了15名教师，并在独龙江乡开办了第一所学校，当年共招收了5个班63名学生，这是独龙族有史以来第一批接受正规教育的学生，在独龙族的教育史上起着里程碑的作用。1956年，又在独龙江乡的巴坡、献九当和龙元3个村委会新建了3所小学。到1959年，独龙江乡一共有5所小学，教职工12人。

从“八一”军旗在独龙江上空迎风飘扬那天起，为了独龙同胞的真正解放，边防战士一直把发展独龙人的生产能力、提高独龙同胞的生活水平，作为“扎根独龙江，一心为人民”的实际行动。

解放军官兵们还创办了马库警民小学。

这是全国最独特的一所学校。1960年，中缅边界正式划定后不久，中国人民解放军边防部队正式进驻独龙江。根据刘伯承元帅的指示，在最靠近国境线的马库驻扎了一个排，为独龙江连队的前哨排。那时，这里方圆几十里内没有一所学校，独龙族的孩子无法读书，附近4个村寨几十户人家，没有一个识字的人。他们决定帮助当地独龙族群众建立一所小学校。

没有文化就没有未来。新中国成立以后独龙族站立起来了，但要使一个民族真正自信起来、强大起来，必须要学习外面先进的文化，必须要办好教育。没有教育，没有文化，整个地区都还是处在野蛮和落后中。

边防部队的战士看在眼里，急在心里，他们向连队汇报后，得到了连党支部的支持。指导员王月堂带着战士们奋战40多天，从山上砍来木料，割来茅草，盖起了一栋房子，并自己动手，做好了桌椅板凳。自此，与世隔绝的马库村第一次传出了琅琅的读书声。但在这边远偏僻的地方找一位教师实在太难，于是，教书育人的重任就落到边防官兵的身上。

每年，部队都要挑选一至两名高中以上文化程度的官兵到马库警民小学义务执教。

被送到外地读书的独龙族学生听不懂汉话，上课时，老师用汉话讲课以后，由会傈僳话的老师向怒族学生翻译（怒族学生会听傈僳话但不会听汉话），再由会独龙话的怒族学生翻译给独龙族学生。老师讲的东西要经过三道翻译后才能让独龙族学生听明白，因而他们学习起来非常吃力，再加上人生地不熟，许多独龙族学生都不愿意到外面读书学习。

附近马库、都独、钦朗当、迪朗当的小孩子都到这里来读书。买不到黑板漆，就用锅烟子涂了一块黑板；买不到粉笔，就把黏性较好的白泥捣碎，和成稀泥后灌入细竹筒晒干，制成被官兵们戏称为“独龙牌”的土粉笔。有的学生不来读书了，战士们就一家一户说服动员，不让一个适龄儿童辍学。有的学生家庭困难，战士们就用自己微薄的补贴为他们买书、纸、笔等学习用品。钦朗当和迪朗当离得比较远，孩子们就住在学校读书，战士们既当老师又当保姆。有一年，全公社小学生统考，前九名全部是马库警民小学的。

这所小小的学校，成了培育独龙族一代新人的摇篮，成了独龙族青壮年扫除文盲的阵地，一批批独龙族青少年在这里摘掉了文盲帽，成了有文化有知识的独龙族新一代。

从记事起，解放军战士在高德荣幼小的心灵里，就像雨雪后的太阳一样亲切、温暖。他和小伙伴肚子一饿就往军旗飘飘的营房跑。饭煮熟了，解放军叔叔总是先尽着他们吃，孩子们吃米饭，他们吃锅巴。独龙族孩子们没有衣服穿，解放军叔叔就把自己的衣服改小了让他们穿。在学校里，战士们常为孩子们做饭、洗衣服、理发、剪指甲，就像父母一样。有的战士年龄并不比他们大多少，但孩子们没有见过比战士们更能干、更吃得苦的人了。自己盖房子，自己开荒种地，还常送粮食蔬菜周济过不下日子的独龙人家。孩子们学战士们敬礼、走正步、唱军歌，一天天听着军号声长大……

“天无三日晴，地无三尺平。”“吃人的东西多，人吃的东西少。”这些是当时独龙江生存环境的真实写照。恶劣的气候、地理条件，加之生活的贫困和药品的极度匮乏，使独龙族群众的健康和生命长期受到严重的威胁。每年因被毒虫、毒蛇、野兽咬伤，上山伐木、砍柴被砸伤、摔伤、砍伤的患者不下百例。在流行病、传染病的高发期，一个村的疟疾、流感患者就多达十几个。

群众有了病痛，第一个想到求助的就是当地的解放军。解放军对上门求诊的老百姓总是来者不拒，体贴入微，从不收取一分钱。有人问他们为什么对独龙人这样好，他们说：“全国人民是一家。我们是毛主席、共产党派来和独龙族同胞一起建设祖国边疆的。”

由于大山的封闭阻塞，当地人对教育读书这件事情并不热心。当然，不单单是在独龙江，在云南很多地方，那些年也都没有进学堂、受教育、学文化的概念。学校啦，读书啦，老师啦，这些字眼，在独龙江全都是新名词，人们一点也不理解这些新名词的含义。

当老师来家里动员适龄孩子去上学时，这些孩子的家长会说，自古以来，我们独龙人祖祖辈辈靠打猎、种地，还不是活过来了？孩子们学文化有什么用？有的人还在私下议论：他们有文化，还不是照样到我们这里讨生活？孩子们呢，也喜欢上山用弹弓打鸟，到山上去放牛，到河里去抓鱼，不想读书的孩子很多。

小张叔叔见小高德荣把左脚踩在右脚背上，来回倒腾，明白了高德荣“心里有话说不清”。难道他不想上学是有什么为难的事情？小张叔叔偏着头问：“你知道孔县长吗？他的家就在离你们这里几里外的村子……”

听小张叔叔提到自己舅舅的名字，他激动得一下子站起来，手舞足蹈地说：“当然知道，他就是我舅舅！我的名字还是他给我取的呢。”

小张叔叔笑了，说：“那么你肯定听说过他去北京开会，见到毛主席和周总理的事了？”

“当然听过，而且都听过好多次了。我们独龙族的族名还是周总理给取的呢。”他抬起头，望着头顶的蓝天，神往地说：“我真羡慕我舅舅，像他那样坐汽车、火车去北京见毛主席、周总理。”

小张叔叔点点头：“你会实现你的梦想的。不过，你知道汽车、火车、飞机是怎么造出来的吗？”

他眨巴了一下眼睛：“肯定是天神格蒙造的，只有他才有这种本事……”

小张叔叔连连摇头：“是我们人类用双手制造的，不是神造的。”

“是什么人才能造出火车、飞机啊？难道他比格蒙还神通广大？”他张大了嘴巴。

“一般人是没有办法制造火车、飞机，但读过很多书的人，别说飞机，比飞机更厉害的东西都能制造……对了，咱们不说远的了。我问你，你知道独龙江通往贡山的人马驿道是你舅舅带人修的吗？”

他激动地站起身来：“我当然知道。我和我阿爸还有独龙江的人，都去修过路，修路好苦啊。路修通那天，我还在场呢。”

小张叔叔连连点头，说：“你想想，当年你舅舅到北京，要是他不会讲汉话，怎么跟毛主席、周总理交谈？你们又怎么会有‘独龙族’这个族名？而且，你可能不知道，贡山通往这里的驿道，又是你舅舅到北京，亲自向总理请求，得到支持，才修通的。国家可是出了好多钱，派出好多人马啊。而到学校读书，我们不单只教你们讲汉话，还会让你们学到很多文化知识……”小张叔叔期待地望着他。

“那我想读书，只是……”他欲言又止。

“有什么困难吗？说出来给我听听。”小张叔叔期待地望着他。

他有些无奈地回答：“我妈妈生了3个儿子，却没有生1个姑娘。没有姑娘帮她，她一天到晚忙得连气都喘不匀。我要帮她捋麻、挑水、做饭、磨面、舂米、打柴、喂猪、放羊……”

“只要你去读书，这些事，以后我和其他叔叔会尽力帮你做。”小张叔叔认真地说。

他蹦了个老高。小张叔叔欣慰地笑了。

2

1966年，高德荣已经12岁。

那天回家后，他把答应了小张叔叔要上学读书的事说了，父亲巴吉和母亲阿妮却不同意，说羊谁来放？柴火谁来打？他正急得直跺脚时，好久没有见到的舅舅恰好来到了他家。

听了这事，舅舅皱起了眉头，他问巴吉和阿妮：“那些解放军是不是人？”

两口子不解地望着表哥，半天才回答：“他们是人啊，而且都是好人。”

“他们有没有父母和兄弟姐妹？”

两口子还是一头雾水，巴吉低声说："肯定有。"

"他们跟我们非亲非故，为什么要离开自己的爹妈和兄弟姐妹，一个个到我们深山老林来呢？他们是欠我们的，还是要来这里拿走我们的什么宝贝？"

高德荣抢着回答："解放军叔叔说，他们是来保卫祖国，建设边疆，让我们和全国人民一起过上好日子！"

舅舅说："难道不是吗？他们都是毛主席、共产党派到我们独龙江的亲人。他们到这里所做的一切，都是为了让我们独龙人早一日过上幸福的生活。"

这时，高家的茅屋门口，挤满了村里的人。舅舅把他们请进来坐下，要他们讲讲解放军进驻独龙江以来为独龙族群众所做的事。大家异口同声地说："恩呢底儿麦场嗯！"（独龙话：我们都是一家人。）接着，大家七嘴八舌地说开了。

在这块土地上，有很多军民一家亲的故事在流传。边防战士虎映山是云南丽江的纳西族人，担任独龙江前哨排排长。他说得一口纯正的纳西族话，像很多纳西族人一样重信用、讲义气，为人热情，并有严谨的礼仪。他性格刚毅，但是和蔼可亲，平易近人，身上总有一股使不完的干劲，正应了他的姓氏，气势如虎、虎虎生威。他身材瘦削，脸色因长年受阳光的暴晒而显得黝黑，绿军装，红领章，外加一支手枪，非常英武。他说话掷地有声，新兵常学他喊口号：盖（革）命加拼命，拼命干盖（革）命；思想盖（革）命化，行动军事化……

当时，独龙人还不会种庄稼，不会耕田犁地，最多只会刀耕火种。人们虽在山林中放养独龙牛，但独龙牛野性十足，别说用它来耕犁，生人见了也要赶紧躲开。那年虎映山回丽江结婚，一天在街上看到有人正在卖一头小黄母牛。他喜出望外，东拼西凑把小牛买了牵着提前返回独龙江。在班车上，看到他和小牛待在一起，众人哄堂大笑。虎映山一点也不在意。车子过了贡山县，再也无车可坐。他先是赶着小牛慢慢穿越丛林，但很快，脚下就没有路了，他找了根结实的青藤把小牛捆在背上，一路过独木桥、上“天梯”、过溜索，一步步穿过悬崖绝壁。背上的小牛吓得一直不敢动弹。一般情况下，从贡山县城到独龙江，三四天就走到了，可虎映山足足用了9天。当他精疲力竭地从背上放下小牛，一直等着吃他的喜糖的战友们都傻眼了。后来，在虎映山和战友们的调教下，小牛很快长成了一头会耕田犁地的大黄牛，最终和独龙牛交配后生下了后代。从此，独龙江有了真正的耕牛，边防战士又教独龙人开荒犁地，种稻谷、玉米。

独龙族的创世歌谣《嘎哈依木恰门祖》里这样唱道：

天浑浑，地茫茫。

天眼黑得像锅底，地眼黑得如墨汤。

上帝拿篾子割出一条缝缝，把天地切成两个半。

第一天，他创造了光明；

第二天，他创造了天；

第三天，他创造了地；

第四天，他创造了太阳、星星和月亮；

第五天，他创造了云彩；

第六天，他创造了人和样样（一切）……

创世歌谣没有说“第七天”和以后的创造，唱到“第六天”就戛然而止了。也没有说，上帝是否创造了独龙人的幸福生活，更没有说上帝是否打算为独龙人创造更多奇迹，包括学校和书本。所以，独龙人的日子只能伴随天地日月星辰和在窄窄一线的峡谷上空飞渡的云彩，周而复始。

解放军创造了学校，在锅灰抹的黑板上画出了世界的道理。如果这事情发生在“第七天”和“第八天”，那么，他们的排长虎映山却在“第九天”把一头黄母牛背回来了！

他是扛着九天日月，头顶红星，拿他脸上渗出的盐巴给小牛舔——这是新的《创世纪》！

红星照亮了独龙江！

解放军伸伸手，挽住了江水，让清清流水淌进每个独龙人的心！

独龙江每平方公里仅有两个人生存，可谓人迹罕至。边防部队执行边境护卫，巡逻时只有线而无路，脚踩到哪里，哪里就算是路了。巡逻小组一出发，就被莽莽林海皑皑雪山淹没，在几乎与世隔绝的条件下，疾病伤痛、意外情况，一切都得靠自己应变处置。边境线最北端的界碑位于海拔4650米的雪峰之巅，来回徒步跋涉约600公里，完成一次界碑巡逻需要一个多月的时间。行程中要经过大小桥梁72座，渡涉大小江河76条，各种给养均需人背马驮。这样的险恶山道，即使骁勇异常的独龙猎人也鲜有人走过。

巡逻途经一个瀑布，名字很美，叫“月亮”。通往界碑的小道，是在月亮瀑布下的石壁上开凿出来的，120米长的水帘将通道全部覆盖。每次巡逻，战士们都脱得赤条条的，用雨衣把衣服和武器包在一起快速穿过。最让大家哭笑不得的是，为了减轻负担，他们把回程的干粮留在瀑布一端，却时常会被猴子偷吃得干干净净。

在独龙江服役的战士，人人练就一身“独门绝技”。原始森林里的一些大树上，被一代代狩猎的独龙人用刀砍出了深深浅浅的道道，作为行走时的路标。战士们据此标绘特殊的巡逻图，上面甚至有这样的标注：“树洞，可住3至5人。”为了避免野兽毒蛇的伤害，这是最佳的宿营位置。如此艰苦的巡逻任务，在每个战士两年的服役期内，至少要承担10次以上。但边防战士却将此视为一种荣誉。新兵入伍后第一次参加巡逻的名单，是由连党支部确定的，条件就是要各项考核优秀；老兵退伍的仪式更是庄重而充满了神圣感——巡逻走向国境线，向界碑告别……

进出独龙江的人马驿道虽然凿通了，但那只是在悬崖绝壁上划了一道凹坎，浅浅的，如同竹刺在臂弯上留下的划痕。即使晴日，从独龙江乡到贡山县城也要在崇山峻岭间步行3天，翻越海拔4200米的高黎贡山，沿途都是遮天蔽日的原始森林，没有歇脚的房子，来往群众只好住岩洞宿草丛。如果初雪来到，就会发生冻死人的事。独龙江边防站进驻后，决心为群众解决这个困难，连长何顺侦带领16个身强力壮的战士来到了山顶东侧，从半山上砍来坚实的杉木，奋战40多天，盖起了3间木板房，房里安上床，铺上被子，放上锅碗瓢勺和柴米油盐，供来往的群众住宿。不少身陷困境的过往群众，都在这里度过危机。

每年6月，山顶上的雪刚刚融化一半，边防站就派出3名战士踏冰破雪来到山顶，扒开积雪，从房顶上跳进埋在雪中的房内，开始接待来往的群众。一直到12月，大雪把山路埋得严严实实，再也没有过往群众时，他们才下山。在山顶上，战士们战严寒、斗风雪，接送一批又一批的过往群众。每天，他们早上两点多钟就起床，生火做饭，等过往群众吃好饭后，便帮助群众背着东西，把他们送过雪山顶，一直到安全地带才返回。有时来往群众多，他们就腾出自己的床位给群众住，自己却在火塘边蹲上一夜；有点好吃的东西，他们舍不得吃，留给过往群众；遇到群众生了病，轻者喂药打针，百般照顾，重者扎个方便担架抬着就往山下赶，及时送到县城医院……

独龙族干部群众亲切地称呼雪山哨房为“救命房”“暖心房”。

《创世纪》的新歌谣还在唱！“第十天”“第十一天”“第十二天”——每年365天，闪闪红星都照耀着独龙江……

《创世纪》“解放新编”是每个独龙人共同“汇编”的，也是孔志清有意要让族人们牢牢记住的。

往往他起头，大家接后说，说着说着，大家都流泪了。

但高德荣感到，舅舅这次要说的是上学的事。最后，舅舅饱含深情地对大家说：“是啊，他们到这里，既当战斗队，也当生产队、宣传队和教书先生！解放军对我们独龙族人的好，三天三夜也讲不完。解放军来执教鞭，连我这个老家伙也愿来上课！”他指着高德荣，面色严峻地说：“你12岁了！在内地，该读中学了！竹子都有节疤眼，芭蕉都有回甜心，我们独龙人没有眼、没有心？解放军割出一片天，透出亮堂堂的云天，你们却不睁眼？老马识途才上远道，独龙人不识字，走不出深山！还有那些从山外来的老师们，他们中的很多人，都是从有大米饭吃、有大路走的地方，到这里来教书授业，我们的娃娃却怕书怕字。你拿家务多说事，你是要蛇的种还是驾龙的人？我害羞啊！”随后，他严肃地对大家说：“一个人没有文化，从小处看像一把没有箭的弓弩，从大处说像一条没有眼睛的龙。记住了，我们叫‘独龙’！这是周总理取的名号、点的‘睛’！我们是独特的龙！两眼要大放光彩！”

舅舅指着年纪大的老人，激情澎湃地说：“你们还理绳子打疙瘩么？”下面回答：“早就不结绳子疙瘩了——解放军的军号一吹就是一天！驿道上马铃叮咚一响就是一个礼拜！解放军来邀吃肉就是一年！”

孔志清说：“是啊，世道变了你们也在变。要变就变龙，不变虫！从今天起，娃娃要读书，你们也要学文化，不变的是蛾子，让乌鸦去啄吃！”

人们走后，舅舅把巴吉和阿妮叫到跟前说：“你们难道忘了他出生后不久，我来看他那天说过的话……我总归要老的，老树疙瘩不生新枝了。对德荣这些我们的后代，我寄托了多少厚望啊，你们不是也这样想的吗？德荣是个聪明能干的孩子，不能因为他什么都会做，就把他留在家里，误了他的前途。”舅舅自责道：“只怪我太忙了，没有督促你们，把他耽搁到现在。今天，你们一定要答应我，让他开学就去读书。你们现在就当着我的面点头！”

高德荣一直紧悬的心放了下来。他知道父母都非常尊敬舅舅，他们一定会听他的话。果然，他们连连点头。

舅舅很高兴，问外甥：“你上过月亮山么？”

高德荣说：“我跳也跳得上去。”

舅舅说：“学校山坎比月亮山高！你要用攀天的功夫，抓住月亮光，去爬天梯！”

高德荣只是点头，他还未能领会：月光抓得住？

3

天空未留痕迹，但鸟儿已经飞过。为实现独龙族人民的跨越发展，无数边防战士付出了青春，甚至献出了生命。他们就像高黎贡山上无名的野花，在山野中静静地开放，静静地凋落。他们的生命与高黎贡山共存。

高德荣最早学会的是以下十个字：“扎根独龙江，一心为人民！”

这是独龙江边防派出所老营房墙壁上的几个鲜红大字，由于岁月的侵蚀，当年雪白的墙壁已经变得黄黑，但每隔一年，边防战士就会用红色油漆填一遍，所以，它永远鲜红。

从20世纪50年代初，中国人民解放军边防部队进驻独龙江以来，60多年，他们从解放军到边防警察，从边防独立营到边防工作站，再到现在的公安边防派出所，几易其名，但数十年如一日，和独龙人民鱼水一家亲的赞歌经久不息。

在独龙江，一个惊动共和国总理的救人故事家喻户晓。

1964年5月，就在人马驿道即将修通之前，24岁的战士张卜突然病倒了。当时，前一年冬天降下的大雪依然封锁着进出独龙江的所有道路。在缺医少药、治病依靠“纳姆萨”（巫师）的独龙江，驻守部队的医药不足以应付张卜的危急病情。眼看病势加重，战友们束手无策。情况紧急，张卜的病情通过电报发到了贡山独立营，独立营面对茫茫白雪如同一幅大幕遮挡的独龙江大峡谷，一筹莫展。

电波声飞过滇西群山，飞过昆明，飞到北京！

战士张卜的病情惊动了云南省军区、中央军委，直至惊动了当时的国务院总理周恩来。

山外的医生通过电波确诊了张卜患的是急性阑尾炎。这是常见病，及时做手术就是彻底解决病患的好办法，但医生进不来，病人也出不去。时间一分一秒流逝，情况已经万分紧急，最后，总理要求外交部协调缅甸，通过缅甸航线用直升机空降药品进独龙江。驻独龙江部队和当地数百名群众上山寻找空投的急救包和药品，但莽莽原始森林，短时间内找到空投物资几乎是一项不可能完成的任务。

只要一名医生、一把手术刀和一剂青霉素就可以治愈的阑尾炎，最终夺走了张卜年轻的生命。一条鲜活的24岁的生命就因为一个小小的阑尾炎终结了，从此独龙江畔有了一座崭新的烈士墓茔。

夏草青青，冬雪皑皑。

碧绿和洁白两种颜色交替装点着这个圆圆的坟丘。

独龙人没有见过人死了山上会“长”出一座小丘，与大山相伴，像大山的另一个“儿子”。高德荣每每路过这里，都会伫立一会儿。他在学校里学会了算术，这个战士，只比他大一轮——12岁，他想，他的一生应当像这个战士，环绕青山，也长成青峦之子。

还有无数催人泪下的故事在这里流传。

1971年，战士邱旦史和小分队成员去43号界桩巡查，一路山深林密，野兽、毒蛇随时出没。在返回的路上，下起了大雨，在战友滑向山崖的那一刻，邱旦史飞身跃了出去，抓住下滑的战友，而邱旦史的脚却被岩石划开了一个长长的伤口。闻到血腥味的野兽向小分队扑了过来，为了引开野兽，邱旦史独自往密林中跑去。战友找到他时，只剩一堆白骨……

独龙江又多了一座土丘，杉木棺材里只有零散的白骨。战友将一套新军装和邱旦史生前用过的一本笔记本、一支钢笔和他自制的一个墨水瓶小油灯放在了空空的棺木里。

1972年，在封山物资还来不及准备的情况下，大雪早早堵住了进山的驿道，一些战士染上了疟疾。为了给战友们补充营养，独龙族战士孔玉录冒险到周围村子去买猪，途中遭遇泥石流，转眼间就被掩埋了……

1977年，鹅毛大雪在9月就飘飘洒洒，凛冽的寒风打着尖厉的呼哨，把雪原上东一堆西一堆的积雪，吹成一条条巨龙，贴着雪地滚动。狂风暴怒了，像百万雄狮在怒吼、奔腾，整个空间弥漫着白色的粉末，如烟，似雾，却没有烟雾的柔软，打在脸上像针扎。刹那间天昏地暗，走在对面的人也只见一个朦胧的身影。就在这样的日子，通往独龙江的唯一一条电话线被冰凌拉断，这就意味着这里与外界将在大半年时间里失去联系。贵州籍战士张枝繁接到修复电线的任务，他和5人组成的小分队沿着驿道一点点前行，架接电杆电线，一走就是几天。路上风霜雪雨，来到海拔3750多米的黑普地段，只见雪雾笼罩，能见度不到5米。张枝繁知道，他们必须在气温降下来之前离开这个危险的地方，于是抢在前面探路。但意外发生了，他一脚踩空，掉下百米深的悬崖。那时他刚刚入伍一年，年仅18岁……

驻守独龙江的战士一次次把危难甚至死亡留给了自己，却让独龙族乡亲一次次平安走过生命的险途。

马库村村民马国新曾三次遭遇横祸，濒临死亡的边缘，然而每次万分危急之时，都有边防战士施以援手，最终让他与死神擦肩而过。

1983年7月的一天，马国新在去一个村寨的途中被毒蛇咬伤了右脚，中毒后昏迷不醒。闻讯赶来的卫生员潘世德不顾自己中毒的危险，直接用嘴为马国新吸出毒液。经过精心治疗，一个月后，马国新康复了。

1996年7月19日，马国新再次被毒蛇咬伤，生命垂危。还是同一个村寨、同一间房屋，13年前的卫生员潘世德用嘴为马国新吸出蛇毒的一幕重现，另一位士兵李新用嘴吮吸毒汁，把他再次从死亡线上拉回。

2002年11月的一天，马国新砍柴时不慎被斧头误伤了小腿，伤及动脉。由于失血过多，当晚，马国新已奄奄一息。得到求助消息的医生龙内清连夜赶到马家，对马国新进行抢救。这一次，马国新再次死里逃生。

如今，马国新担任村武装干事已有很多个年头。不管是巡查界桩，还是开展警民联防，他都挺身而出，站到支援队伍中。只要有边防官兵路过他家门口，不管认不认识，都会被他们全家热情地拉进家里，奉上独龙族待客的最高礼节。

而那些以命换命、拯救独龙族乡亲和维护独龙江安全的解放军指战员虽然永远地离开了人世，但他们一个也没有"走"，而是化成青青峦冢，背依大山，守护着独龙江！

独龙江畔出现生命的奇观。那些从死亡绝境捡拾回来的烈士遗体、骨骸上总要粘带一点红白黄的细土、一粒粒细微得难以涤去的草籽、花蕊——于是，在他们的墓园里，来年必定开放出鲜艳的杜鹃、山茶、迎春、含笑和双色山百合！于是，中国人民解放军独龙江烈士陵园，成为世界上海拔最高、最美丽的忠魂墓地。

从1964年到2001年，张卜、邱旦史、齐此当、刘国金、庄云、张枝繁、孔玉录、于建辉8名烈士，静静地躺在独龙江乡巴坡村以南数百米的一处山坡上。8座青冢，面向东方。一块小小的墓园园门用水泥砌成，结构简单乃至粗粝，只能依稀从门柱上的挽联“干革命不讲条件，保边疆为国献身”上才看得出来，这是一座烈士陵园。

这座陵园伴随高德荣和所有独龙族孩子，度过了一个个学期。清明祭奠烈士，早已成为孩子们心灵园地上的“工程”，他们的心中之碑也在随之长高。

“在独龙江，就算天天睡觉也是一种奉献！要是有人说不是，叫他封山时来这儿干上半年试试？”一名到过独龙江的领导曾经这样说过。

然而，烈士们没有睡去。

漫山鲜花，是他们醒着的眼睛，他们才是“独龙”永远的火眼金睛！

有一年，巴坡村的阿都老人上山种地，不慎被剧毒蛇咬伤，送到派出所时，已经深度昏迷，战士李朝坤毫不犹豫地用嘴对着他的伤口，一口一口地吸出大半盆乌黑的血水，再将一大堆草药一口一口嚼碎，敷在患处。整整3天3夜，李朝坤寸步不离地守在阿都老人的床前，不停地为他输液，进行护理，没有合过一次眼，硬是将他从死神手中抢了回来。康复后的阿都老人，将家里舍不得吃的6个鸡蛋送到派出所，双手捧到医生的面前，以感谢子弟兵的救命之恩。边防战士却谢绝了。老人哽咽了，用独龙话说，我捧不出我的心，但“鸡蛋是熟的，热的！”这下战士眼睛湿润了。

说起解放军与独龙江人民的血肉情深，独龙人都能说出好多好多故事。其中，最感人的是侦察组组长李跃星在溜索上救人的事。那天，李跃星正在下乡的途中，无意间一抬头，见独龙江水上空的溜索上挂着一个人。原来，那人过溜刚溜到半中央，用木板做的溜板便“咔嚓”一声碎了，支撑着全身重量的绳子便直接挂在粗糙的篾索上，一磨，烂了一半，眼看就要掉进汹涌澎湃的独龙江。这生死攸关的一幕，被路过那里的李跃星发现了，但要在溜索上救人可不是一件简单的事。不能一下滑过去，只能一小截一小截地往前挪，非常小心地挪到溜索中间，用一根绳子把那人与自己绑在一起，然后，剪断原来的绳索，再一点一点地往回爬，这要付出巨大的体力。由于篾索上同时承受了两个人的重量，随时都有断掉的危险，那篾索也下垂得很厉害，几乎要挨着江面了，那溜索也因此变得非常地陡峭。每往上挪动一步，都要付出很大的力气。稍一松手，还会滑回去。双手抓在粗糙的篾索上，划出了一道道口子，鲜血直流，钻心地疼痛，他也顾不及了，1米、2米、10米、20米……一直到把那人拖到岸上。到岸边后，两个人都失去了知觉，好长时间后才慢慢苏醒过来……

在独龙族人民的木楼上、火塘边，一个个警民鱼水情深的动人故事被独龙人一代接一代地传颂。提起边防官兵，他们总是会说这样的一句话："恩呢底儿麦场嗯！"（独龙话：我们都是一家人。）

后来的高德荣明白了，什么叫"抓着月光"登上比月亮高的山。他总是说，小时候，是听着解放军叔叔的故事长大的，虽然很多人他并没有见过，甚至也不记得他们的姓名了，但心里夯了一块地基，上面矗立着碑石，比他的身高，比他的体壮。当时每听到一位解放军叔叔牺牲，他们全班同学都很难过，都会流着泪，用墓园周遭的野花做一个个花圈送到烈士墓碑前，默默致敬。如果是在冬天，大雪封山没有花，孩子们就抖落竹子上的积雪，用竹枝扎一个简单的花圈，敬献到烈士墓碑前。

长大后的高德荣说，他们这代独龙人最先学会说的汉话，就是毛主席好！共产党好！解放军好！

因此，每年的"八一"建军节，也成为独龙族群众的重要节日。这天，他们换盛装、邀亲友、携琴笙，聚集在部队驻扎之地且歌且舞。那深情的歌声在峡谷两岸此起彼伏，终日不歇。

每当战士们离开独龙江时，独龙族孩子们都要用折纸船来送行。孩子会在船身上绘上太阳、月亮、星星、彩云，会将浸染了七彩的独龙毯麻线在船尾拖拽出一条长长的彩带，还会画上他们想象的楼宇、大桥、铁路和飞机——那是美丽的“独龙梦”！

当士兵们跨过独龙地界和江桥时，孩子们争相拥到江边，将精巧的小船投放在蓝色的江水里，目送小船逐浪远去……

4

12岁的高德荣终于圆了上学的梦。12岁，按正常学业进度，该小学毕业进初中了，但12岁能上学，还是让少年高德荣沉浸在兴奋之中久久不能入睡，满脑子都是书包、文具盒、书本及琅琅的读书声。

开学报到那天，鸡刚叫头遍，高德荣就起床了。一出门，就看到村里三个和他一同放羊、砍柴的小伙伴正举着火把站在他家小院里，都背着一个用独龙毯做成的书包。几个年幼单薄消瘦的身影在雾气中站立着，高举的火把噼啪作响，温暖的火光，照亮了远方的路。

高德荣家虽说离巴坡小学只有三四公里，但从家到学校，要走羊肠小道，要过独木桥，要靠藤索飞溜，一不小心，就会掉落江里，被激流卷走。但这根本就挡不住他们求学的脚步，对知识的渴求、对外部世界的好奇，让高德荣与小伙伴们一路上都欢笑打闹。

在火把即将燃尽时，他们看见了路边的学校，听到里面传来的朗读声。高德荣按捺不住兴奋，撒开脚步飞奔起来冲向学校，三个同伴跟在他身后，一边跑一边用手按住抖动的书包——用独龙毯做的书包。

恰巧小张叔叔就站在门口迎接学生。看见他们，小张叔叔高兴得老远就跑过来迎接。

小张叔叔回头对着屋子大喊：“大家快来看，孟顶村一下就来了4个学生。”

几个解放军叔叔都跑了出来，对着他们鼓掌：“热烈欢迎孟顶村的小朋友来上学。”

孩子们没有见过这样的场面，羞怯得不知道说什么好，都不好意思地叫了一声“解放军叔叔！”

“在外面叫我们叔叔，在学校可要叫我们老师啊。”小张叔叔笑着对他们说。

上学的有二十几个学生，只有4个是女生。身材高高的小张老师站在一米见方的黑板前，拿着一本书先用汉语读，然后再用独龙话讲解。屋里正中有一个火塘，火烧得旺旺的。高德荣和他的小伙伴坐在最后一排，全神贯注地听老师诵读。

少年高德荣被小张老师用普通话朗读的声音吸引了，感到这是个全新的世界。他朗读的声音、说话的语气怎么那么清朗呢？这峡谷里有一百种会唱歌的鸟，没有一种能把人心唱活、唱亮，唱得长出翅膀！

这一天，这个独龙族少年的心受到强烈的撞击。

解放军老师问：“你们出生在哪一年？”

二十几双眼睛扑闪着，像蝴蝶翅膀！

那天，小高德荣甚至都忘记了回家。放学后，在小伙伴的催促声中，小高德荣才走出了学校。

晚上，高德荣一回家就问母亲：“我是哪天生的？老师问了。”奶奶和母亲一下愣住了。还是奶奶先说话：“哪个独龙人会记自己是哪天生的？我不知道我是哪天生的，还不是活到五六十岁？我敢肯定，你爷爷也不知道他是哪天生的，还有你妈妈……”

正织着独龙毯的母亲头也不抬地对他说：“明天你去跟老师说，生你的那天，刚过了大年。但是哪一天不记得了。”

后来，他才发现，他们班里的二十几个孩子，竟然没有一个人能说清自己是哪年哪月哪日生的。

通常，解放军老师会用推算的办法大体“号准”他们的出生年月。比如，是“解放军来到巴坡的第几个月？”“什么时候见到解放军的？”“什么时候见到哨所的五星红旗？”“那天寨子里发生了什么大事？”等等——部队有执勤日志，详尽到村社大事记、雷雨雪暴等特殊气候，再结合父母的回忆，来推定这个孩子的出生年月。这能做到大体准确。

应该说，高德荣是幸运的。他的准确生日，有人记得清清楚楚。1972年秋，他要到怒江民族师范学校报到前夕，他正在为到学校注册填报年龄而左右为难时，当年的独龙江派出所所长卢克勤知道了，翻出压在箱底、纸页已经发黄的笔记本，报出了他的生辰：1954年3月5日。

原来，卢克勤所长跟高德荣的爸爸巴吉是好朋友，高德荣出生的第三天，他就带着红糖、鸡蛋、面条来他们家贺喜。他和巴吉喝了一夜酒。

日子过得比小鸟飞翔还快，高黎贡山开始下雪了。

对于高黎贡山外面的孩子来说，下雪意味着欢乐与新鲜，但对于独龙江边上的孩子来说，路途遥远，气温骤降，衣服单薄，下雪意味着寒冷与失学。

“决不让一个孩子失学！”学校的老师发出了这样的誓言。

学校的老师比往常起得更早了，在学生到来前，就把火生得旺旺的，学校里充满着温暖的气息。

一天清晨，老师刚生起火，高德荣就推门进来了，扛着一捆比他小小的身子重许多的柴火，一头一脸的汗水。老师连忙起身帮他把柴放下。

一问才知道，高德荣看着老师又要教书又要找柴，很是辛苦，就与父母说好了，每天出门时带一捆柴火到学校，这样就省去了老师到山里找柴的辛苦。

高德荣把自己的柴火抽出来，架到火塘上，火塘熊熊燃烧，温暖着整个教室。

受他的影响，很多学生都带柴火到学校。

自此，剩余的冬天和接踵而至的春天，教室的火塘燃烧的差不多都是他和同学们扛来的柴火。老师发现，他不苟言笑，不卑不亢，规规矩矩。更让老师高兴的是，他是他们当老师以来所遇到的最聪明的学生，过目成诵，博闻强记。大半年，他会读会写的字，他的理解力，远远超过大多已经到这里读了两年书的学生。于是，他们对他的学习更关心了，常常给他开小灶。

当然，由于当时没有现成的教学课本，老师只能从《毛主席语录》《毛泽东选集》上随机找些段落、文章来进行教学。因此，年幼的高德荣便对“领导我们事业的核心力量是中国共产党，指导我们思想的理论基础是马克思列宁主义”之类的话语记忆深刻，能随口背诵。

每天，高德荣和小伙伴们迎着雨雪，翻山越岭，往返于学校和家之间，一天来回4次，加起来的路程，最少的有15公里，远的有20多公里。老师不忍心学生每天这样在路上奔波，决定让孩子们吃住都在学校。由于师生都困难，在学校读书的孩子无像样被褥，仅有一条独龙毯既垫又盖，冬天，四五个孩子抱成一团相互取暖睡觉，看着让人心酸。有的孩子没有鞋光着脚，或穿着开了大口的鞋，脚被冻得开裂。

后来，独龙江有了公派教师，学校建设仍由边防部队支持，称“警民共建”小学。

高德荣的另一位老师，现年73岁的陈万金老师回忆当年在独龙江教书的情景，仍然感到历历在目。老人身材瘦削，一身白衣白裤，精神很好。他是丽江永胜人，1959年8月，从丽江师范学校毕业后，响应国家的号召，卷起行李，带上干粮，和25个同学一起，徒步15天到了贡山。报到后，他和四五个同学被分配到独龙江乡。他也是高德荣的启蒙老师之一。

“在我教过的独龙族学生中，高德荣给我留下的印象真是太深了。”

陈万金老师激动地说，“割草、砍柴、编篱笆墙，没有他不会干的。在独龙江，要教会一个识字的人、会说汉话的人，比冬季跨越茫茫雪山还难。而他语文、政治都好。课堂上，为了教学的方便，我们讲不准独龙话，就有学生大笑，但高德荣却一脸严肃。别人听不懂的，他听懂了，就给同学们做翻译。刚来上学那几天，看得出他因年龄偏大，心里有些忐忑，总是坐在最后一排。他几乎没有数字概念，往往教他从1数到10，他数到5，就怎么也数不下去了。但他是个会用心的孩子。有一天下午上完数学课，孩子们都围着火塘在炭灰里爆玉米花吃。他也坐在其间，不断把自己的玉米粒从左手倒向右手，又从右手倒向左手，老师看到了，不明白他为什么要这样做，问他，他不回答。第二天一早，老师检查头天晚上布置的算术作业，他把所有的题都做出来了，而且答案都是正确的，这才明白他在那里左右手倒玉米粒是在做算术题。当时吃住在校，几个孩子挤在一床独龙毯下睡觉，老师把自己每个月的30

医务人员为独龙族人民看病

斤口粮和学生带来的粮食一起煮食，往往不到一个月就吃完了，只能用野菜野果充饥。为了缓解粮食缺乏问题，我们师生决定自力更生，就带领学生挖黄连卖了，请人从山外购买粮种、菜种回来。开荒时，我们没有经验，还是高德荣出面，带我们选好地块、砍了荆棘。当我们急着要放火烧荒时，被他拦住了。我们不知道为什么，他说放火前一定要留防火线，要不然会把一座座山都给烧光的。于是我们干了一整天，留下了一条十几米宽的防火线。当时半天上学，半天干活，又冷又饿不算，还有蚂蟥，多得数不清，一不小心就爬得满腿脚、脖子上都是，一咬一口血，甩都甩不掉。几十年过去，我还在睡梦中被蚂蟥叮醒，它们太可怕了！”

陈万金老师接着回忆：“当时有的同学吃不了这份苦，闹着要回家，老师做多少工作都不管用。这时高德荣出面了。他说，没有共产党，没有毛主席，我们别说读书，怕连书是什么样子都不知道。他还重复我们老师的话，说我们独龙族人要想过上幸福生活，就得有文化知识。孩子们还真听他的，大多数都留下来了。有一年，因严重缺乏营养，二三十个学生患了肝炎，没医没药，有人主张把学生放回家。但我们老师想，在当时缺医少药的情况下，把学生放回家，就等于让他们回去等死。我们积极向上面反映，争取到一些药品，政府还发给每个患病的同学一斤白糖、三斤黄豆，一个月后，学生们的病都好了。”

从1959年到1984年，陈万金老师在巴坡教了整整25年书。后来因身患肺病、胃病久治不愈，两次晕倒在地，惊动了贡山县委书记，最后调出独龙江。

“要是我的身体还健康，我说什么也不愿意离开独龙江啊。那里的人太好了，对你没有半点虚假。你上门家访，人家有好吃的都给你吃，有好的东西都送你。孩子们听说我要走，一晚上都坐在火塘边，没有一个人睡觉。第二天，我走到一个路口，被他们拦住了。他们往地上放下东西就跑了。我上前一看，是腌好的腊肉，整整12块。还有七八只绑了双脚的鸡。我哪吃得下这么多？可叫他们，早跑得无影无踪了。”热泪从老人脸上簌簌滚落。

高德荣曾经动情地说：“是山外来的解放军和老师，让我们独龙族人知道世界上还有比高黎贡山、担当力卡雪山更高的山，有比独龙江更大的河流。他们还让我们明白，一个人不能只为自己活着。”

上学让少年高德荣把眼光投向了广阔的世界。他说：“读书的道路，在我的脑海里是个圆形，一圈圈，像大树年轮，像鹞鹰的飞翔，围绕着一颗头顶的红星、一个报恩的目的，从未改变。”

第三章 通天之路 梦想回旋

1

高黎贡山山顶，千年积雪不化。独龙江之水，四季晶莹如翡翠在山谷间奔腾流淌。

小草从积雪中发出新芽，慢慢生长，每根青草的尖梢上都悬挂着七彩的露珠。而独龙江中特有的细鳞鱼，在冰封雪裹下依然张扬着生命在蹦跳。

1972年7月，高德荣从独龙江孔目小学附设初中班毕业。参加中考后，他报了3个志愿，一是卫校，二是一中，三是师范学校。成绩出来，他名列前茅，语文、政治在全乡考生中位居第一。

他之所以将报考卫校放在第一，是打算将来当一名医生，为家人和乡亲们治病。

从小到大，他在家乡见过太多因为缺医少药而得不到及时救治的乡亲痛苦地离开了人世。从上学那天起他就下定决心要为家乡做点事情，而治病救人就是最为直接的报答方式。

独龙江由于地处偏远，从古到今医疗条件都比较落后。民国以前，“菖蒲桶”（贡山地区）设治局被称为“瘴疠之乡”。那时候霍乱、痢疾、疟疾、麻疹等传染病连绵不断，严重威胁着人民的生命安全。民国三十三年（1944年），普拉底乡嘎达村发生痢疾，24户有4户全家染病，全村127人大半死亡。村民们害怕传染而举家搬到他乡，死者家被村民们一把火烧掉，但疾病仍然严重威胁着普拉底乡各族人民的生产生活。民国三十七年（1948年），霍乱由怒江边传到独龙江乡，由于无医无药，疾病迅速在全乡蔓延。当时的独龙江乡第三行政村霍乱最为严重，死亡人数超过百人。这个村有几户人家全死光了，尸体无人收殓，只得将房屋放把火烧了。后来，由于气候转凉，加之不少患者倾尽所有向当地传教士莫尔斯买来西药服用，才减少了传染和死亡。

新中国成立以来，一代又一代各族医务工作者在这里辛勤工作，贡山独龙族怒族自治县境内一些危害人民生命的烈性传染病得到了有效的控制。1950年以来，鼠疫、霍乱已在境内绝迹。1953年以来，天花、斑疹伤寒、回归热已无病例发生。麻疹、百日咳、白喉、脊髓灰质炎、伤寒等常见流行病，发病率逐年下降。但独龙江缺医少药的现状，还是让人触目惊心……

基于这样的前提，高德荣认为学医是十分有必要和应该得到大家认可的。

让他想不到的是，由于自己的民族身份和品学兼优早已被当地人所熟知，他的升学去向竟然牵动了贡山独龙族怒族自治县党政领导的心。

鉴于贡山师资力量严重贫乏的实际，贡山县党政领导为他做出了人生的一个重要抉择：放弃报考卫校改报怒江民族师范学校。

起初高德荣很难理解当地的党委政府为什么这样安排，治病救人，救死扶伤，服务乡里，这不很好吗？为什么要改？

当地党委政府的领导耐心向他解释，独龙江群众是需要医生，但更需要老师，治病救人只是对个体的帮助，教书育人，帮助面更广，做的是提高整个民族的文化素质的工作。高德荣默默接受了组织的安排，把卫校改报成了师范学校。

他被录取了。这是全村的大喜事！

20世纪70年代初，独龙江乡的办学规模已经空前扩张，一共有16所小学，教职工达到了28人，在校学生达490人。尽管这些学生在适龄儿童中的比例已经接近30%，但这些学生小学毕业后只有极少数人能到山外继续求学，有的学生即使到了山外也因语言障碍和气候不适等原因一而再、再而三地弃学回家。能完整读完初中，再到外面求学的人凤毛麟角。

也就是说，能长出翅膀、飞上高天的鹞鹰太少了。

临行前的一天晚上，村里几乎所有的男女老少都来高德荣家送行，有的带来一小块兽皮，有的带来一竹筒蜂蜜，有的带来几块肉干，有的送来几根山药，都是他们平时舍不得吃和舍不得用的东西，最多的是苦荞粑粑和山黄瓜。爷爷、奶奶和父母都对他说了很多话，但他记得最深刻的一句话是：好好读书，将来像你舅舅一样能干，为我们独龙族做很多好事。

舅舅听到这一喜讯，也赶来祝贺他。

来祝贺的乡亲们走后，在火塘边，舅舅和他坐了一夜。舅舅给他讲了独龙族的历史：独龙江流域这片山河壮丽的土地，自古以来就是祖国领土的一部分。独龙族的先民与古代氐羌原始族群的关系极为密切，是古代氐羌原始族群的一个组成部分。汉代，中央王朝在西南地区设益州郡、永昌郡，独龙族先民当时属嶲唐（今保山）、不韦（今保山一带）二县管辖的范围；唐、宋两代，独龙族居住区属南诏、大理国地方政权管辖；元、明、清三代则为丽江木氏土司和丽江路军民总管府的辖区。丽江路包括今丽江地区、怒江州和迪庆州南部，其西北与今西藏相接。而“撬”“吐蕃”“卢”正是在丽江路的西部与西北部“参差而居”的独龙族、藏族和傈僳族先民。清《云南通志》中曾有“俅人，丽江界内有之，披树叶为衣，茹毛饮血，无屋宇，居山岩中”的记载。清代中叶，独龙江和怒江曾被划分两段，分别受丽江木氏土知府所属的康普土千总和叶枝土千总管辖。当时独龙族人民被迫以黄蜡30斤、麻布15丈、山驴皮20张为贡礼，每年按期向维西康普土千总纳贡。后来康普土千总把独龙江上游地区转赠给西藏喇嘛寺，由察瓦龙藏族土千总向独龙人征收“保护费”，菖蒲桶喇嘛寺也来征收香火钱粮，而康普土千总仍照例征收贡物。东边的傈僳族奴隶主，也经常越过高黎贡山，掳掠独龙人当奴隶。独龙人抵抗了好几代，残暴的统治者曾先后杀绝了独龙人的几个家族，并强迫独龙人缴纳贡物，号称“尸骨钱粮”。独龙族人民就这样世世代代受着残酷的剥削和压迫。辛亥革命后，独龙江划归菖蒲桶殖边公署统辖，1918年改为行政委员会公署，1933年又改为贡山设治局。国民党反动派通过各族土司头人，对独龙族人民的剥削压迫有增无减，各种苛捐杂税压得独龙人进一步陷入苦难的深渊……

对于自己民族的历史，他听得泪流满面。

“要不是毛主席、共产党，这种暗无天日的日子我们独龙人还不知要过多少年啊……”舅舅动情地说，“德荣，我们要知恩图报啊！解放前，我们独龙人靠刀耕火种，结绳记事。人们种的是苞谷、苦荞，一年只有3个月的口粮，其余全靠上山挖百合、葛根，采蕨菜过日子。独龙人没有衣服穿、被子盖，只好用手织的麻布片遮羞，烤火度日；独龙人没有学校，没有邮驿、商市，甚至连起码的生活物资的‘以物易物’（交换）也认为是害羞的事情。党给我们派来了工作队，在高黎贡山上开出了梯地，在洼塘里种出了稻谷。医疗队的同志又送医送药，帮助独龙人撵走了瘟神。群众穿上了解放装、吊包衣，用上了毛巾、牙刷、牙膏、香皂和被盖。没有毛主席，没有共产党，你连吃饭穿衣都成问题，更别说读书认字、到碧江深造了。你要发奋学习，将来报效家乡，报效国家。”

高德荣郑重地点点头。

天亮了，舅舅要走时，送给他一样用牛皮纸袋装着的东西。舅舅正色道：“到校后你好好看一看，这是清朝一位叫夏瑚的汉官两次深入独龙江后写的《怒俅边隘详情》。”

舅舅告诉他，光绪十年（1884年）缅甸沦为英国殖民地以后，英帝国主义得陇望蜀向我国西南边疆步步进逼。在这种情况下，怒江流域和独龙江流域的边隘成为首当其冲的侵略目标。为了维护祖国的疆域完整，抵制外国侵略，清朝一部分爱国的地方官员，忧国忧民，深入边地，调查研究，积极为当局献计献策，以求改革怒俅边务，巩固边防。阿墩子弹压委员夏瑚，就是这些官员中最令人敬佩、至今仍让边民难以忘怀的人物之一。夏瑚，字荫善，湖南人。清朝末年曾任丽江知府彭继志的红笔师爷，相当于现在的地区秘书长之职。据说他左耳后还长有一个肉瘤子，所以被贡山民众称为“夏大瘤子”。光绪三十一年（1905年），怒江地区发生驱逐外国传教士、焚烧教堂的“白哈罗事件”。

次年，夏瑚受丽江府之命办理教案。光绪三十三年（1907年），夏瑚巡视了怒江，对这一地区各民族的生产及生活状况做了初步调查，返回阿墩子后即提出在这一地区设官、招垦、开矿、通商、练兵、兴学、修路等建议，并进一步“拟定查勘曲江，招抚吉匪，撤退土司，平治道路，改募防务，交通权限各节”。

光绪三十四年（1908年），夏瑚奉命再次入怒，率随从100多人，对怒江、独龙江及更广阔的区域范围做了周密的考察，其行程最远到达滇西北最北自东而西的一线，即恩梅开江和迈立开江上游的六江（独龙江、狄子江、狄不勒江、脱落江、狄满江、木里江）流域，终点是木王坝，即今缅甸葡萄，历时5个多月，这是历史上我国政府官员对该地区的第一次正式巡视。

巡视中，夏瑚命随员沿途把盐巴、锄头、锅碗、布匹、针线，按人头分发给独龙人，委任了一个个伙头、甲头，任命了代表国家管理独龙江的行政长官“俅管”。夏瑚巡视中，体察民情，关心百姓疾苦，及时免除了察瓦龙、维西康普、叶枝土司的苛赋，还刻石立碑盟誓，严禁藏族农奴主和傈僳族蓄奴主在独龙江抢奴夺财，这一举措大大减轻了边民的疾苦。巡视结束，他写成《怒俅边隘详情》一书。这是第一部系统记录怒族、独龙族生产生活的汉文史籍，为今天留下了珍贵史料。

舅舅说：“我给你的，就是我亲手抄录的《怒俅边隘详情》，可以说，你只要真正把它读懂，就了解我们本民族的一半历史了。”

“另一半呢，你去体会，是不是该自己来书写？”舅舅期待地说。

高德荣紧紧地把牛皮纸袋抱在胸前。这个牛皮袋里装着的是先辈的苦难和血泪，也装着明天的梦想。

2

高德荣初中毕业被怒江民族师范学校录取，这一年他已经18岁了。1972年8月的一天，离开学还有半个月，他从他出生的孟顶村，跟着一队到山外运物资的马帮出发了。要知道，要走出独龙江，在那个年代，单枪匹马根本不可能做到。他背着简单的行李，也就是一床独龙毯，几件换洗的衣服，还有村人送给他的许多干粮。当然，他还挎着独龙男人从不离身的长刀。它近一米长，装入刀鞘，挎在右后胯上。解放前，要用3头肥猪才能向山外的汉人换到这样一把刀。

一大早，高德荣就在路边上等待马帮。马帮头马的铜铃铛叮当作响，稀稀拉拉一长条队伍从下面的路口拐上来，马帮的铃铛和"哒哒"的马蹄声在山谷间回荡，头戴毡帽的瘦高个是大锅头，加四五个人，20多匹马，一路吆喝着向他走过来。高德荣拦下了马帮，给各位成员分发了当地的旱烟并说他要随他们一起出山到外求学。瘦高个马锅头不置可否，看了看高德荣瘦小的身板，只是"嘘"地笑了一声说："原来还是个秀才！一起走可以，只要吃得了这份苦，受得了这个罪。"

"但话得说在前头，独龙天险，翻山过水，爬高上低，虫吃蛇咬，疾病孽障，生死由命哦，出什么问题，屋里人不要找我们麻烦。"

其实，不用马锅头说，每一个独龙人都知道，通往独龙江的路途有多艰险。行走于狭窄泥泞的驿道，翻越高大雄伟的雪山，跨过嶙峋陡峭的悬崖，每一步都是对意志的一种考验，对生命的一种挑战。一不留神，处处可葬身。

"行船走马三分命"，要出去，就没有选择。高德荣没有丝毫犹豫，高兴地跑到队伍后面跟着。

马锅头又一努嘴说："到队伍中间去。"

马帮运输队

马帮沿河谷向高黎贡山走，起初是宽路，经过一个小时后进入茂密的山林小道，深涧底部的水像是碧玉在流淌，带着响亮的回声，家乡在他身后越来越远了，回头望去，只能看见一团雾霭。

这是他第一次离开独龙江，也是他第一次走完人马驿道全程。

1956年至1964年，为改变贡山县城至独龙江乡步道物资运输状况，历时数年，投入24万多个工日修通了贡山至巴坡驿道，同时修建了4个驿站和各种桥、索19座。挖掉移走的土石方达到100万立方米，打通悬崖峭壁80余座。沿途的每一座山崖，每一寸土地，都浸透了几十万人的汗水，甚至鲜血。几乎每一公里都有一条生命横身当石，立骨为基。

驿道修通后，县政府任命郑刚（共产党员，藏族）为马帮队长，运输任务由贡山县城至独龙江乡。1965年10月，马帮进入独龙江，成为具有划时代意义的史页。独龙江居住着独龙族同胞及戍边部队，加上缅甸边民所需的食盐、茶叶、日用百货，每年运进货物150万~160万公斤以上。

马帮在每年5月前，运送完怒江两岸的物资后，6月开始，即投入独龙江的运输。有外地请来的，有本县、本队的，成百上千的各路骡马云集贡山县城丹当。

由于山路崎岖，负担沉重，每年病死或摔下山崖而死的骡马有30匹至50匹。赶马人在县民运站报到时，先把每匹马登记注册，骡马名称、年龄、毛色、健康状况、折价等一一现场登记。一旦死亡，赶马人以马尾巴作凭证，报告民运站，经查对核实，明确责任，给予赔偿。独龙江驿道狭窄，经常从悬崖峭壁上通过，爬陡壁、登高坡、下深箐，为避免与崖壁碰撞，一律采用“软驮”。年复一年，赶马人不但送给独龙江河谷生产生活物资，还送去了科学技术、文化知识，把党和人民政府的关怀送给独龙族同胞，促进了独龙江峡谷的发展、进步、文明。

马帮走的是进入独龙江河谷唯一的驿道，需穿越原始森林徒步两三天。

进入独龙江的人马驿道沿普拉河（怒江支流）逆流而上，经过吉速底、双拉娃、朱里当到嘎足，再到其期，经东哨房，翻越高黎贡山，直至原独龙江乡政府所在地巴坡，全长65公里。这次，高德荣是从巴坡走出独龙江的。

高德荣虽然以前也常见到马帮，但真正走进马帮才认识了这个群体。起初他觉得自己应该干点事情帮帮忙，比如帮着敲敲铓锣，又简单又好玩。但马锅头严肃地说，铓锣并不是随意就能敲的。怎样敲，也有规矩。在深山密林里，铓锣有惊吓飞禽走兽的作用，铓锣声传得很远，又有通知对面和后面马帮的作用。由于驿道道路狭窄，特别是到了拐弯狭窄的地方，看不见对面有没有行人马帮，铓锣敲得更响了，否则，狭路相逢撞在一起或者马匹受惊，一边是悬崖绝壁，另一边是万丈深渊，很可能会酿成大祸，所以马帮行路中，也有不成文的规矩，在宽道上的要让从窄道上来的，上坡的要让下坡的。请人让路敲“嗡——嗡——嗡——”，有事告急敲“嗡！嗡！嗡……”这是马帮行路的“通信密码”。

他们一直沿溪谷一侧的小道盘绕而行，道路又湿又滑，路边的树木都缠挂着厚厚的绿毛或蛇一样的藤蔓。路上时有淙淙流淌的溪水和飞涌而下的瀑布，木头搭成的桥长着苔藓又湿又滑。就在过一座木桥时，高德荣脚下一滑，整个马帮发出一声惊呼，爬起来时，看看离悬崖只有不过10厘米，这个距离就是生和死之间的距离。为了照顾高德荣，马锅头特意挑选了一匹性格温和的老马，准许他在路滑坡陡时拉着老马的尾巴行走。

高德荣说，那些赶马人对他可好了，路上，最好的食物让给他吃，淋不到雨的地方让给他睡。他也毫不犹豫地拿出乡亲们送他的东西和大家一起分享，就连那把心爱的长刀，最后他也送给了一位山歌唱得最好的马锅头。

因为大雨造成的激流冲刷，小路还不断地塌方，但不断地有人在颓塌的路上再踩出新路。路两旁，在雨水中疯长的树上和草丛中，隐藏着密密麻麻、令人心悸的毒虫。蛇也经常在路上出没。于是除了在江面上的吊桥，行人从来不敢在两旁都是树木和草丛的路上稍事休憩。所谓“急赶慢赶总是赶”，这是独龙江独有的生命节奏，由它所造就的人生是不能停歇也不敢停歇的。

到开阔处和水源地，马帮“打尖”（途中歇息）后做饭了，赶马人把马匹赶到大大小小的石头间的开阔地上纷纷卸驮子，牲口在柔软的草地上打滚、撒尿、喷响鼻，人们有的砍木头烧火，有的走到河边打水淘米，并没人指挥谁干什么或怎么干。大家分工明确，效率极高。高德荣自觉帮着找些干燥的柴火生火，打水做饭。

在歇息地要让柴火燃烧起来，简直比老师讲过的钻木取火还难。大雨一天从早下到晚，山林里连石头都像被泡透了。在临时搭起的雨棚下，人们找来枯柴，用斧头劈成碎片，浇上烈酒，用火柴点燃，但湿柴冒了阵青烟，依然不肯燃烧，直到淋上金贵的柴油，火才慢腾腾地燃烧起来，往往煮熟一锅饭，要两三个小时。

另外，高德荣发现马帮吃饭有很多规矩。马帮歇息后，先是为马添料加草，让马先食，然后人才做自己吃的，以示对马的关爱崇敬，体现先马后己的精神。马队朝哪个方向走，生火做饭的锅桩尖必须正对这一方向，烧柴必须一顺，切忌烧对头柴。开饭时，大锅头坐在饭锅正对面，面对要走的方向。大锅头第一个添饭，添饭时平平地盛添最上面一层，忌讳挖一深洞。添完饭，勺子要平放，切忌翻过来。吃饭吃得快的人只需洗自己的筷子，最后歇碗者要洗碗洗锅，锅不能翻扑，翻了就是犯讳。

他听人说，每年会有三四十匹骡马，在筋疲力尽时驮着货从步步惊心的驿道，失足摔下万丈峡谷，等赶马人再回转时，骡马已经被乌鸦啄食得只剩一具骨架。夜晚，人马歇息时，时有老熊从密林深处跑出来，袭击在山洼林中埋头吃夜草的骡马。骡马的惨叫声令人毛骨悚然，但天黑雨大，人成了睁眼瞎，只好大声呼喊。等天亮出去，骡马尸骨无存，只留一地血迹……

独龙族同胞为购置生活用品出山进县城，走的就是这样一条路。

高德荣和马帮一起艰难地向山外行进。

驿道上，赶马人总是低着头，走在一长串骡马之中。大雨一场接一场地下，几乎没有停息的时候，马帮踢踢踏踏地在江边或者山腰不像路的路上流动，骡马四蹄溅起的泥泥水水，常溅得人一头一脸，小路隐约，处处履痕；生命的姿影，驮着大江、草木、泥土、日子的气息，来往于山内外；它们坚实的四足，犹如踩着四个实心的铁碗，一日日打磨着驿道，马汗、人汗的气息在山谷中弥漫。人总是踩着前人的脚印走，骡马也是一样，很多地方它们也是踩着同一点走，年深月久，就连石头上，也留下它们深深浅浅的脚印，汪着雨水。在最险峻处路途下的深谷，总会看到骡马累累的骨架，在雨水中闪着白惨惨的光，乌鸦“哇哇”鸣叫着在低空盘旋，让人不寒而栗……

但在人马驿道上，人与人之间亲如一家，大家彼此亲热地打着招呼，在一起歇息时，篝火边给你腾出个地儿烤火，用烧得漆黑的口缸给你送来一杯热水，落座后大家传着喝的驱寒烈酒也会传到你手里。

从县城驮货回山的马帮在路上休息时，在江边山坡上啃食青草的骡子，一边抖着身上的雨水，一边抬头向着峡谷上面的天空，发出几声“古吭——古吭”的长嘶，这从江底发出的声音，接天连地，对面远远的山坡上的骡马也会发出呼应，使声音连成一片，盖住了独龙江的水声，让人感到一股英雄之气直撞脑门，浑身热血跟着沸腾。

在高德荣听来，骡嘶马叫好比一只号角，比舅舅家的那个大铓锣的响声更撼动人心。赶马的汉子也像骡马一样具有吃苦耐劳的秉性。热爱生活的他们，会尽情地欢乐，为丰收为爱情歌之舞之。生活是美好的，他们就是最好的见证!

入夜，或在村寨住宿，前不巴村后不巴寨时就地露宿，这也有专门的称呼，叫“开亮”。往往是第二天一大早，整个马帮就忙开了，有人到溪水边打水洗漱，有人给马检查马掌，如果马掌方头钉脱落或者马掌走劈了，就弯下腰去，把马蹄夹在胳肢窝下，用不到一虎口的专门削马掌的小镰刀把马掌修理好，把新马掌钉放在口里用唾沫蘸一下，拿起地上的小钉锤噼噼啪啪把马掌钉敲到马掌中去，高德荣正在惊呼会不会钉到马的肉，在恰当位置，钉尖从马蹄中穿出，露出的钉尖不多不少，小钉锤由下往上一敲，钉尖倒卷过来扣在了马蹄上，再一敲打平整就行了。高德荣看着赶马人娴熟的动作，佩服得啧啧称赞。钉马掌的是位40多岁的汉子，脸色黝黑，对他憨厚地笑笑说："这没有什么，干一行爱一行，熟了自然就巧了，就像你读书一样，不熟你能考上吗？"

一路行来，其实高德荣最大的心结是：这样的路，有人会再回来？再走一个两个无数个回转？马帮就是这样！自己的轮转是为着他人的方便，这精神堪称伟大！这一课，是独龙江独有的课程！没想到，他未及跨进新校门，便是当头一教鞭！

高德荣腼腆地笑笑，果真，那人又接着问："秀才，出山学好本事后还回来吗？可不要忘记我们这些山里的人。"

高德荣坚定地说："我肯定会好好学习，也会回来的。"

高德荣想想又说："以后会有更平整宽阔的路。大家日子也会更好。"

一赶马人对着高耸的山峰和飘荡的白云说："不可能吧！这地方鸟都不来拉屎。"

马锅头竖起烟锅杆在鞋底磕磕说："也难说，应该会越来越好，我们年纪大了后，就卧槽了，抬脚不知落脚了。不过，看看你，神似嚼了豆糠，气昂昂的有底气！走啊——"

3

经过5天的跋涉，他来到贡山。

一个独龙孩子要登堂入室去“拜夫子”，是件惊天大事！

县领导给他找好了一辆东风货车，他一颗紧悬的心终于落了下来。在车上，他紧张、兴奋，眼睛一眨也不眨地望着窗外，有时感觉自己像长了翅膀，飞出了窗外，在天空中自由翱翔。他想起独龙人传说中能腾云驾雾的天神格蒙，想起舅舅坐过的用钢铁做成的一日能飞几千里的“大铁鸟”……

汽车整整行进了一天，他才赶到怒江民族师范学校所在地碧江县城报到。

碧江县城所在地叫知子罗，在傈僳语里的意思是“好地方”，在怒语里为“富裕的地方”。它坐落在碧罗雪山海拔2020米的山梁上，与山脚下的怒江垂直高差1000米。它是怒江大峡谷人文积淀较深的地方。因为群山遮挡，日照时间短，山城峡谷常被浓雾笼罩。

在知子罗的山麓，有天外来客——飞来石，山顶上有清澈的高山湖泊和无边无际的原始森林。而这里生产的“老姆登茶”和怒江独有的漆树品种碧乃金，更是远近闻名。这里还有古人类活动遗址腊斯底岩画，中国远征军、驼峰航线等历史遗迹也清晰可见。

当时的怒江州府也在知子罗。

他成了怒江州民族师范学校招收的第一个独龙族学生。

他的注册号是75届中师二班001号。

今天，高德荣还保留着怒江民族师范学校颁发的毕业证书。在证书的左上角，赫然印着当年时兴“套红”的毛主席语录：“看一个青年是不是革命的，拿什么做标准呢？拿什么去辨别他呢？只有一个标准，这就是看他愿意不愿意、并且实行不实行和广大的工农群众结合在一块……”

在语录的下面，是他的标准照：浓眉大眼，神态刚毅，英姿勃发，踌躇满志。

福贡县第一任县长、白族干部李世荣在知道怒江民族师范学校录取了第一个独龙族学生后，喜不自禁。开学不到一个星期，就亲自到学校去看望高德荣。

老师说，这个小伙子学习认真，就是像个大姑娘一样怕羞，一说话脸就红。

李县长微微一笑："腼腆的孩子靠得住。你可能听说，这小伙子来的独龙江，一年有大半年大雪封山，人们与世隔绝。走得出来，他可不容易啊。"

老师的神情一下变得沉重起来——看来，即使在民族师范学校，一个独龙族"独子"入学也是一件大事。

那天天气寒冷。当老师把高德荣带到办公室做了介绍后，李县长亲切地问："小高，你是独龙江哪个村的人？"

"巴坡孟顶村。"回答轻得几乎听不见。

"从你们村到贡山，你走了几天？"县长又问。

"5天。"

"路好走吗？"

"很难走，但听带我来的马帮说，比以前好多了。"

"以前，以前是没有路的，路横在峭壁上，人只能爬过，遇到悬崖就用树干砍出深深浅浅的印痕，搭在岩石上，就像天梯一样，你爬过吗？"

"没有，只是听说过。"

"那样的天梯翻了，尸骨都找不到。现在是好些了，不用爬天梯，但与外面比起来不知落后多少呢！"李县长苦笑道。

李县长发现高德荣竟还穿着一身单衣，于是毫不犹豫地从自己身上脱下九成新的华达呢服装，要他穿上。高德荣惊慌失措，连连摇头："我不能白拿别人的东西。"

李县长一愣，但很快笑了："白拿？想都别想。我可是有条件的。"

"什么条件？"他那一双又黑又亮的眼睛，望着李县长。

"要是你敢保证成为学校最好的学生，这件衣服就是你的了。"

高德荣重重地点了点头。

李县长爱怜地拍拍他的肩膀，说：“好样的！”亲自为他穿上衣服。

李县长走后，高德荣穿着还散发着李县长体温的衣服，眼里泪光闪闪。

后来他才发现：整个怒江都没有几人能穿上这么好的衣服。他在节假日或学校有重要活动时才舍得穿，而一穿上，总是吸引着无数羡慕的目光。他暗下决心：一定好好学习，以优秀的学习成绩，报答李县长。

4

一个天气晴朗的夜晚，他拉亮灯，摊开了舅舅送给他的厚厚一沓、装订成册的《怒俅边隘详情》。文言文基础薄弱的他，对许多字句尚且不明其意，但通读一遍后，《怒俅边隘详情》还是深深地打动了他。后来他查字典，请教老师，像一只松鼠嗑松子一样，一字字“嗑”着这些文字。不久，他就完全能理解这篇文章了。在读许多段落时，他为先人在那暗无天日的漫长年代，所经历的原始未化、近乎苟延残喘的凄惨岁月而难过得落泪。

这是第一部用汉文系统记述怒江、独龙江地区情况的著作，提出了经营怒江、独龙江地区的十条建议，涉及设置官府、派兵驻防、撤退土司、筹费办学、平治道路、垦荒实边、设关守隘、减免赋税等。该书以进步的思想观念、详实的资料内容、经世致用的建议条文，成为一部弥足珍贵的地方民族文献。全文读来，夏瑚忧国忧民的深沉感情深深打动了他，让他产生了强烈的共鸣。他感受着，思考着。

……委员遵即购备赏需，率领差弁武备毕业生夏云，把总马吉义及翻译通事勇丁人等，于七月初八日由墩起行，曾通报有案。抵白汉洛后，旋将民教杂居各处，巡视一周，均称安谧。虽有钱债口角，衅故数起，据任司铎安收片请面述，当传两造，分别和平断结，均各相安无事。

是月二十七日，达菖蒲桶，小住兼旬，添募通晓曲语，熟悉曲道之怒民各三人，作为通事向导，又以曲、狄各江人烟稀少，粮食夫役，难于购雇，因在怒地买备米粮糌粑，各五十背，雇定长夫三十名，负运，以备不虞，其余行李犒赏盐布、货物等件，另备短夫运行，于八月十八日，由菖启行，越格马喇雪山，七日达曲江之木匡汪地方，由升金狄朗东、格景登、拢威、兴隆等处，循江而上，七日至上江之喇卡塌地方。该处系与西藏擦瓦龙属米康土千总地交界要隘。因查得由该处西行越锡腊、朋满、呆革等雪山，计程十日可达脱落江头当派差弁武备生夏云，率领兵夫十余人，由是路查勘脱落江头各隘，并发木刻（夷俗不知文字，惟削木为刻，令人执持层递口传，故因之）……

这只是一段长篇记叙的起始文字。

已足以让他感慨万千：在黑暗的朝代，也许有不少夏瑚那样的人，有着“天下兴亡，匹夫有责”的胸襟，为独龙江奔走呼吁，亲力亲为，可他们像流星一样一闪而逝，湮没在历史的烟尘中。所幸的是，夏瑚的文章奇迹般地留了下来，成为独龙族后人认识、了解家乡，理解自己民族的范本。一页页读来，他感到它就像一面反映独龙江历史的镜子：“三山夹两江”的奇山异水，自己同胞的悲痛仇恨，被广泛、深刻、感人地表现出来。于是，他像舅舅一样抄写起来。

抄写中，独龙族的历史开始像电影一样在高德荣的脑海中一幕幕再现，而夏瑚忧国忧民的形象也在高德荣年轻的心灵中一点点树立起来……

一直以来，怒江、独龙江两江流域因地处边陲而具有十分重要的战略地位。19世纪后期以来，怒江、独龙江地区成为英法列强窥伺和蚕食的目标，多次密派各种人员潜至该地区活动，企图强占我国领土。夏瑚两次巡视怒江、独龙江地区，了解到帝国主义势力插手这一地区的情况，因而十分重视经略边地。怒江和独龙江地区自古以来就是中国领土的一部分，这里的每一寸土地都属于中国人民，容不得外人攫取。因此，夏瑚提出要在上下各处都建立关口碑柱以明确界线，并主张增兵添将把守关隘。对设关的位置、驻军的数量和分布，他也给出了具体明确的方案。从夏瑚身上，高德荣第一次认识到了守护领土、边界的重要性。那一刻，他突然觉得自己深爱的祖国有比土地高山更重的分量了。

如果夏瑚的记叙只是历史的点滴，那么这点滴便是中华民族的精血；由此贯穿的，是近代云南自辛亥革命、护国运动以来对云南边地的经略，对祖国领土完整的护卫；抗战兴起，怒江脊梁隆起……直至中华人民共和国成立，解放军进驻，才真正实现了国土与民族的尊严。其后的历史，几乎与他同时相生相长。他像大树上的一片幼叶，知风知雨，能读懂每丝阳光。

有一年新年前夕的一天，舅舅来看望他，问了他的学习情况后，又问他是否看了《怒俅边隘详情》，高德荣没有回答，他腰杆笔直地站在舅舅面前，面色庄重，目不斜视，背诵有声：

> ……查曲江，系从藏属擦瓦龙地流入，自色赖汪以上为上江，以下为下江，拉大阁以下为江尾，曲言呼为独龙汪洞。上江与擦瓦龙、米康土千总地接壤，以肋巴罗山为界，要隘则以木魁、茂当为最。下江则北连上江，西通狄江，南达江尾，东达怒江之满当地方为最要隘，江尾之拉大阁四通八达，为吉匪出入之区……居民较上下江为稍密，每村有多至二三十户者，房屋系随结竹木，盖以茅草，房中烧火

一堂（塘），家人父子围炉歇宿，人多户，有烧火二三堂（塘）者。家有粮食布饰等件，则于附近山林密处，另结茅屋数处，分别储存，日需若干，临时始往取用。六畜惟鸡犬豕三项，马牛羊则无之矣……

好半天，他一字不落地将全文背完。随后，他捧出厚厚一本笔记交给舅舅。

舅舅惊喜地发现，这个平时闷声不响的外甥，除了能全文背诵，还一字不差地抄了全篇文章，清秀工整的字迹，让舅舅赞不绝口。

舅舅问："为什么要背诵要抄写这文章？"

高德荣说："为了记住祖先，也为了向夏瑚学习。"

舅舅重重地拍了一下他的肩膀，语重心长地说："德荣啊，光背出来和抄在纸上是不行的。夏瑚用一腔热血写成的这篇详情报告，在摇摇欲坠的清王朝，是根本不可能实现的。夏瑚所记，不过历史末屑，是一个时代的悲剧。"

舅舅又说："夏瑚只不过是一个封建社会的官员，却有这样的抱负，心系百姓，以苍生为念，这是值得钦佩的，但大文章他写不了，是中国共产党才把独龙江牵出来，吐水为云，揭开了独龙族人的新天地！"

高德荣说："舅舅，当我在抄写和背诵时，我的眼前似乎看到夏瑚在昏黄的烛光下，奋笔疾书，为民请命，把对祖国边地的忧患和我们独龙族同胞的真切关爱和盘托出，催人深思，也表达了一个汉官孤苦的叹息。联想解放军的保边守土，不畏牺牲，突然觉得独龙江到此时，才根根血管充实，活了起来。有好多个夜晚，我睡不着，总在想，千千万万的解放军、内地干部、教师尚能如此，而自己就是那片土地养育出来的，不是更有责任为实现先人无法实现的抱负而倾己一生？想到这，我觉得连睡觉也羞耻，恨不得时时睁着眼睛学习。"

舅舅大笑道："不睡觉哪行？打鸣公鸡知道该什么时候司晨就行。"

这末一句话，让高德荣想了很久。

5

当美丽的碧江县城下起又一场大雪时，高德荣知道，家乡独龙江早就大雪封山了。这时，学校放寒假，很多同学都赶回家过年了，只有他和几个同学有家不能回。老师没有忘记他们，天天有老师叫他们到家吃饭，还有老师给他们送来御寒的衣物。

每天，他把自己关在宿舍里用功学习。休息的时候，他会突然想家，想独龙江，想生他养他的那个叫孟顶的小村，那个有卡木力河和拉王底河并流的小村。这时，他会穿过几条街道，踏雪登上碧江县城背后的知子罗山麓。在这里，可以远眺气势恢宏的高黎贡山和碧罗雪山，鸟瞰怒江大峡谷。

在一座最高的山峰上，有一棵高大的云杉。他常常爬上去，向着独龙江的方向久久遥望。有风吹来的时候，云杉散发着鲜润的气息，飘在天空的云朵像用金银溪水洗过似的梨花。一日黄昏时分，他爬上一个山坡，一抬头，惊喜地看到远山那边，一轮红日静静地悬浮在那儿，又圆又大，似乎伸手可及。它洒下的霞光，映红了那里的一草一木，就像全是用碧江县城一角那间铁匠铺的铁水打造的。他多次到过那间小小的铁匠铺，系着牛皮围裙的两个壮小伙锤起锤落，周身火花四溅，脸上也如铁匠铺一样黑不溜秋，只有牙齿和眼睛闪着雪光，炉火映亮劳动的大手，那打铁的声音，盖过不远处吼叫的江水。铁在他们的手下，像一块泥。这个时辰，父亲肯定在山上有了收获，正肩扛猎物，一只用铁夹夹住或用毒箭射中的岩羊或是山麂子，要不就是从家门前的河里捕获的一条肉质细腻、味道鲜美的细鳞鱼或一只皮毛值钱、肉骨可入药的水獭；妈妈一定加旺了火塘准备做饭，而骤起的浓烟让她咳嗽流泪；弟弟养的鸟在做当天最后的歌唱；奶奶纺了一天麻，直起腰杆，捶打着腰杆；邻居家的女人倚门长声呼喊在外打雪仗的孩子：“阿火，饭熟啦！阿石，回来吃饭啦！”她的声音混在寨子里其他女人的叫唤声中，交相呼应，此起彼伏，猎狗也兴奋地汪汪叫着。就要开饭了……

他以前从没想过什么是故乡，更没在意过故乡在什么地方，尽管在他抄写或背诵的文章里，间或会出现“家乡”“故乡”“故土”“家园”这样的字眼，或蕴含着这些意思的文字，但他一直没有将自己生息的山寨与之联系在一起。现在，他真切地感受到：故乡原来在太阳落下的地方，在一个有着两座高高的大山的地方，在一个两山长满云杉、冷杉的地方……他对着落日下的故乡大喊一声：“独龙江！”热泪潸然而下。

肥白如花瓣一样的雪花纷纷从天而降。大自然累了，碧江在厚厚的棉被下睡着了，做着五彩的梦。一天，他刚爬上树去，就听到有人字正腔圆地叫他的名字：“卡木力都！”

那是在梦里才会听到的故乡的声音——独龙话。他像一个在暴风雪中迷路的孩子，听到不远处传来人们快乐的歌声。他有点不敢相信自己的耳朵。但透过枝叶的缝隙一看，他不禁睁大了眼睛，叫出声来：“马秀英！”

马秀英的家就在离孟顶村只有几公里的地方，她曾和他同在孔目完小附设的初中班读书，她是学校少有的几位女生之一，很受男生们瞩目，但一向落落寡合的他，几乎没有跟她单独说过话。到了碧江不久，一个周末，他不期然在县城的新华书店见到她，才知道她考取了怒江卫校。而自己的学校与马秀英就读的怒江卫校，只有一墙之隔，他遗憾自己直到那天才看到她。他们用独龙语亲切地交谈，仿佛有说也说不完的话。

但在那之后，他们有半年多没再见面。

此时，高德荣发现，马秀英已经出落成一个漂亮的大姑娘啦。杏仁眼，瓜子脸，细腰身，辫子油黑，浑身上下透露着率真、纯净的气息，让他眼前一亮。他眨眼间溜下树来，喘息着站在姑娘面前，目不转睛地望着她。

马秀英的脸一下红了。

“你怎么知道我在这里？”他认真地问。

“刚才我有事路过你们学校，来到校门口，见到你低着头往外走，我想知道你要去哪里，不知不觉就跟到这里来了。说实话，我跟你走到这里，就是为了跟你说说我们独龙话。我都有多少天没有说过独龙话了。”

原来，在成长中，她也和自己一样，有着挥之不去的独龙江雪山和大江的气息。

他说：“我跟你一样，也想说说独龙话。牙齿涩了，就像嚼了锥栗果。”

其实，前头的话，他们“打”的就是独龙语。

马秀英说：“这下，跟嚼橄榄果一样回甜吧？”

高德荣有些羞涩，说：“江边的橄榄果，受太阳一面，脸是红的。背阴一面是翠色的。我喜欢红红的橄榄果，但橄榄树枝子脆，踩上去心里发慌，生怕咔嚓一下，连枝带果掉进江水里……”

姑娘似乎感觉他们的对话有某种暗喻，连忙绕开，说：“一个橄榄，就有那么多话，再说，就把独龙江水当酒喝了，不摘橄榄也掉江！”

“难道你不想家吗？”他问。

“想啊，做梦都想！我真羡慕那些家在六库、福贡的同学，他们的家不会被大雪封路，能回家和家人一起过个团圆年。六库在江底，热得挎单衣，江边全是缅桂花，江水都是香的……”说着，她的眼睛湿润了。

这时，有一个短暂的默想，彼此心照不宣：家，在远方，在落雪处。那里没有缅桂，但有山玉兰，也是香的啊。但他没有再提话头。

马秀英要走，推说要自习，但回头还是说：“你想说话，就来说！”

高德荣却独自靠着树想：读卫校，成为一名医生，不就是自己当初的梦想吗？而同为独龙族同胞，又从同一块土地上走出的马秀英，恰好就读卫校。这是天成美事，他不能做的，这姑娘做到了——家乡的山玉兰啊，你只在夜间开放，可夜里江天一般黑！

他突然内心有了从未萌动的一丝纠结。但他记住了：“你想说话，就来说！”

期末考试，高德荣的成绩名列全班第一名，被大家推选为班长。这似乎没有意外，以他的沉稳、刻苦、乐于为大家服务，再加一个“操持所有事情如磨盘一样稳当”，一切顺理成章。

但对高德荣而言，走到墙那边去，可真是一件需要莫大勇气的事。好在民族师范学校的同学都特别乐于与卫校的女生交往。开学了，他们甚至会发现哪个女生穿了一件连衣裙、换了一个发结，于是蜂来蝶往。高德荣却要做一颗“有心的沙子”，掺到他们中去。

他和马秀英“打”独龙话，没有多少人能懂。这让两人收获一种别样的恣意的快乐——在异样的眼光里，这两人就是一对原本就该对生的银杏树。

接下来，便是大家认定的“他们恋爱了”。

恋爱是“相互思念的悄悄甜蜜”。高德荣加入了共青团，但这没有使他“着古正经”。他们在一起说话的时间多了。变化是车轱辘话越说越长，老地点的月亮熬白了，缅桂花新叶发了——他对姑娘讲起舅舅的话，讲清朝汉官夏瑚对独龙族的贡献和解放军老师的故事……

高德荣深情地说：“如果没有党和政府的培养与帮助，哪有我和你的今天。我们饮水要思源，知恩当图报！”

姑娘不禁认真地打量着自己的老乡：俊朗的脸庞，又高又挺的鼻梁，饱满的嘴唇，洁白的牙齿，浑身上下洋溢着独龙男孩健康的气息，又有着山里小伙所没有的书卷气，尤其他说话的那种严肃神情，更是在他这样年纪的人身上少见。

“想起独龙江的落后封闭，我急得直想大哭。将来，我想把家乡的路修得能通汽车，这样，大雪就不能拦住我们进出独龙江了。我不想只打篱笆，想抡大锤……”他郑重地说。

姑娘有些吃惊："你的心真大啊！"

高德荣对这样的反应也有些意外："一张芭蕉叶可以包十个荞坨坨，不是也很大吗？"

眼看就要毕业了。这节骨眼上涉及两人从业去向，而连带的则是两人的婚姻关系，21岁，到了可以谈婚论嫁的年龄。如果确定婚姻关系，工作分配可以"照顾"在一起，这在当时，是政策"杠杠"管着的。

这年他们回到独龙江乡度暑假，高德荣向父母讲了他与马秀英相恋的事，父母很高兴，这天，父亲便请媒人到马家"煮茶说亲"。独龙人的媒人到姑娘家为人说亲时，要带着茶壶、茶叶、茶缸上门，不管女方家人态度如何，说婚人都要以最快的速度，将茶壶灌满水，自己走到火塘边将火烧得大大的，放上茶壶。然后从背囊中取出茶叶和茶缸，到姑娘家的碗柜中拿出碗来，做好泡茶准备。姑娘家的人不管同意与否，都只能围在火塘边等候。水一开，说婚人立即在茶缸中泡好茶，再倒入碗中。按顺序先敬姑娘父母，然后是姑娘的兄弟姐妹，最后是姑娘本人。只要姑娘的父亲和母亲将茶一饮而尽，就表示默认了，要是不喝，就说明不同意，媒人只有讪讪离去。

那天，高德荣一直焦急地等待着媒人回话，但当天晚上雨下得太大，就在高德荣以为媒人不会再来时，媒人回来了。一到门口，就扯开嗓门喊起来："德荣，你还呆站着干什么？还不快拿酒来！"

让高德荣惊喜的是，李世荣县长竟调任怒江民族师范学校校长。而让新校长欣慰的是：高德荣没有食言，他的成绩在同年级中一直名列前茅，还当上了团干部。

可以托付希望的人，比怒江的宝石更珍贵！

第四章 回归母腹 再造人生

1

1975年12月5日，高黎贡山大雪飘飘，用不了几天，大雪就要封山了。这天，一户人家正给火塘添柴，这时一阵穿堂风来了，火星被刮起飘落在房顶上，房顶上的茅草呼地就着了。真是城门失火，殃及池鱼，另一家的茅草房也被点燃了，火借风势，越烧越大，整个村子顿成一片火海。解放军和全公社的干部职工以及巴坡的村民，第一时间赶到，立即扑救，大火被扑灭了，但全村男女老少望着自己的房屋、家具和封山前运来的过冬物资全部在烈焰中化为灰烬，感到天都塌下来了，哭喊声震天。

假定这是发生在另一处地点、另一个时间、另一些人群里的灾难，那么，不会发生下面如同战争动员一样的行动。因为，有一种假定是灾难的前提，即在全部过冬物资被大火烧毁后，大雪一旦封山，独龙江乡的群众、乡

独龙族同胞背送过冬物资

政府干部及驻守部队将面临至少5个月断绝粮米、油盐和越冬物资的绝境，没有任何一种生命能熬过这个“死限”！

而此时离深冬大雪死死紧锁山门不到一个星期！

电波频频，穿越雪幕。

怒江州委州政府、军分区和县领导亲临第一线指挥，县交通局组织骡马、人力，县人武部集合民兵，很快组成一支5000人的运输队伍和100多匹骡马组成的救灾队。站在山上看，救灾队伍像一条长龙，前不见首，后不见尾。

这是一场“抢救独龙江”的生死决战！

人马如蚁！冰雪覆盖黑色的足迹，足迹再覆盖冰雪。这支5000人的抢险运输队，以5000人对5000人，即1个人或骡马要负担1~3个人的生活物资。单人负重80斤，骡马负重120斤，即使平安运抵目的地，单程200斤也仅仅够一个人最低量的消耗。这只是一个理论公式的计算结果。事实上，能上路的骡马沿途死伤，人员大半要凿冰开路，实际运抵物资只及一半。这就意味着，5000人马必须往返“极地”死亡之限4个单程！这是世界上海拔最高、规模最大、最为艰险的抢险行动，发生在中国云南的独龙江！

高德荣哭了！哭得如此伤心！

他把头埋在课桌上，攥着拳头擂击自己的头、胸。他恨不得此刻就飞身回家，投入抢险。但200公里外的他什么也不能做！

他哭路！如果有一条能穿越雪山峡谷的公路呢？

他哭乡亲！他们没有积蓄，没有一丁点自救的能力，他们太贫弱了！

他哭自己！“你在这里干什么？空怀报恩之志，此时你连一只蚂蚁也不如！”

就在此刻，他突然萌动一丝信念：“回去！回到母亲腹盆里去！我的民族如此羸弱，如同婴儿，那就与自己的民族再生一次！”

如同一个新结的生命之核，萌动开始了！

即使下面的消息传到碧江，他也丝毫高兴不起来。

没有人员伤亡的确切报道，抢险成功。足足用了半个月时间，过冬的物资，全部运到了独龙江。独龙族人获救了。

也有细节：有的人因连日劳累，走着走着就睡着了，一脚踏空摔进江中，骡马也累死了十几匹。队伍还没有完全撤出山，大雪就封山了……

这一切高德荣并不知晓，过了好几个月舅舅来看他时，他才听说了家乡的情况。

舅舅说，这还不是最糟糕的，两天后，又烧了一次，比12月5日那次还要惨重，大雪已经把山封住，老百姓连死的心都有了。高德荣心里又一阵紧缩。

舅舅神色凝重地说："德荣啊，那时节，山里的乡亲们连死的心都有了……国家抛洒在独龙江的钱太多了。"他，一个老人的羞愧，深深刺痛了高德荣。

孔志清只能说那么多。

他转身的背影是佝偻着的，如同背负一座大山。

几年后他才知道，"文化大革命"期间，在解放初期仍处在原始社会解体、阶级分化极不明显阶段的独龙族同胞中间，也大搞"重划阶级"，大批大斗，在民族之间和民族内部造成了新的隔阂和伤痕。舅舅在历次运动中首当其冲，最终靠边站。

直到粉碎"四人帮"和党的十一届三中全会之后，舅舅的不白之冤终得雪洗，被调到怒江傈僳族自治州担任副州长。几年后，舅舅又担任州政协副主席并被选为全国政协委员。

而到学校来说了几句话就立即转身的他，前几天还被批斗，受尽折磨。但舅舅那天没有在他面前流露出哪怕一丝的委屈和失落。

一切如春天的冰雪消融得很快。

而他在清波潾潾下，埋藏了一颗种子。

1975年，品学兼优的高德荣中师毕业，被怒江民族师范学校留校工作，因德才兼备，他任专职团委书记、州直团委委员、校民兵营干事。期间，他以代表身份，出席了在北京召开的共青团全国代表大会，受到党和国家领导人的接见……

2

他实现了全部所想，包括童年乘坐“大铁鸟”的梦想。

他的荣誉证书、出席证书一大摞，但他看重的只是“代表”两个字。

他比所有人进步都快，可称“平步青云”。按常规，他是“少小民族”干部，年轻，具备专业知识，“德才兼备”，合乎干部任用的“三化”要求，有擢升到州一级部门领导岗位的全部条件。几乎所有人都是这样“设计”他的前途。

但此时，他埋藏在冰壳之下、随春水波动的心底，那颗种子悄然长大，且吐露新芽了！

他的“梦”孕育艰难，是别样的“梦”。他是一个真正会“做梦”的人，这个“做”，是实实在在的“做”，用泥土和着冰冷的江水，团成一个能储藏整个中华，也储藏自己民族幸福的无边无沿的“大器”！

1979年3月，高德荣主动放弃怒江民族师范学校团委书记职务。申请

"回到自己的家乡服务，到独龙江巴坡完小任教。"他让所有师长、同辈惊诧不已！

而这时，和他一起毕业的同学甚至刚走出校门的学弟学妹，有的已经到省城或更远的地方发展了。

他朝着与他们相反的方向，朝着梦中的那方山水大步走去，他要从头开始。

此前的一天，高德荣悄悄地给学校人事处递交了调回独龙江当一名小学老师的申请，但一等半个月不见动静。这天，他沉不住气了，直接找到人事处。

人事处的干部耐心地对他说："小高，你的申请我们看了，大家都很感动。但以前有的人向我们打了调动报告，后来又变卦了，说是一时冲动，弄得双方都很为难。再说，你是学校干部，调动的事要报经校长批准。你这么优秀，校长又这么爱才，他会舍得让你走？他这段时间正在省上学习，今天才回来，有一大堆事等着他，你的事过几天再说吧……"

正说着，李校长进来了。他的办公室就在隔壁，他隐隐听到了他们的话。问清是怎么一回事，李校长把高德荣叫到自己的办公室。他好一会儿没出声，只是围着办公桌转圈。最后，他严肃地问："高德荣同志，你真下定决心回独龙江去当小学教师？"

他坚定地说："校长，您知道，独龙江更需要我！"

"嗯，还有别的理由？"李校长不动声色。

他向李校长吐露了自己的心曲，也说到巴坡物资集散地火灾的事，但他的表达似乎有些潦草。

毕业第二年，高德荣与马秀英成婚，此时，还是新婚燕尔、无限甜蜜的时候呢。况且，马秀英毕业也面临工作调动，可谓牵一发而动全身：在州城工作，双双比翼，小日子温馨如意，多么令人渴慕。

马秀英对高德荣的选择是“三年前早知道”的神情，只莞尔一笑说：“看来你不独心大，还心硬。百年老树的杠心子，斧子砍不动，锯子锯不动。我只问你，大树底下还容小树？”

这话隐约而悲情凄凄，高德荣一时无语，半晌，只嗫嚅一句：“小树会跳脚，挪挪地方也成活。”

独龙江半年大雪封山，他无法回家和亲人一起过大年。但为了诸多社会工作，他连暑假都没回去度过假。但这次毕竟是“调动”，学校之慎重，出乎他的意料。为了再考虑考虑，学校领导特意准假，让他回乡度暑假。其余暂时搁置再议。

临行前，他专程到六库给家人购置了几件在碧江县城时兴的衣物，乘客车到了贡山，看到县城街头肉摊上摆着少见的鲜肉，便买了一个猪后腿，兴冲冲扛着往家赶。

踏上舅舅当年修的人马驿道时，他才发现自己买肉是失算了。自己在碧江县城生活了多年，几乎忘记了家乡的实情。而眼前的情况是：山还是那座山，路还是那条路，江还是那条江。

走到第三天，他闻到了肉发出的异味。但他舍不得扔。第五天晚上，当他精疲力竭地回到家，在火塘的火光映照下，他看到猪肉已经长满了蛆虫。他要扔，被母亲默默地拦住了。母亲在火塘上支起大锅，把肉切成块炼了一大盆油。

那几天，吃着用既香又隐隐有些异味的猪油炒的菜，他的心里说不出是什么滋味。他给他们买的衣物，也根本穿不出去，村人照样刀耕火种，人们一天两顿饭的主食都是洋芋、荞麦，每人白天穿的晚上盖的只有一条独龙毯。触目所及，村里大多数人家住的，还是他当年出山时住的茅屋，只是更加破烂了。

一天，他听说邻村一个妇女上山挖野菜，不慎被毒蛇咬伤，由于伤势过重，派出所和乡卫生所没有条件救治，人们只好用门板抬着伤者赶往贡山县医院。走到半路，伤者就断气了。

天一黑，村里除了滔滔江水声，没有一点人声。他去走访一家亲戚，主人很热情，吃饭时，从鸡窝里抓出唯一一只正在孵蛋的母鸡要杀了招待他，他赶紧制止了，和他们一家吃了一顿火烧洋芋。村里有十几个孩子，只有三个在上学……

这天，村里有一个小伙子去江对岸种洋芋。过江时，因使用多年的竹绳枯朽崩断摔下了江。当他和死者的亲人几天后好不容易从流经钦郎当村前一段江中的一个大漩涡里，打捞起遇难者的尸体，送到后山埋藏时，他的心在流血。

在墓地，当着全村老少的面，生产队长恳求他："德荣，你是在外面工作的人，想办法帮村里重新修一条溜索吧！要不，今后我们就过不成江了。队里好多山场都在江那边。"村里的大人小孩都站在他面前，眼巴巴地望着他。

"需要多少钱？让我来解决。"他佯作镇定地问。

生产队长说："德荣啊，看样子不能再用竹条编索道了，费工费时不说，还危险，但到县城买两根钢绳，少说也要三四百块钱。"

"我现在只有300元，你跟卖钢绳的人说说，不够的钱我一回学校就借了寄给他。"

生产队长感动得都要哭出声来了："这就好，这就好。"

乡亲们说："德荣，我们要过江，就靠你了。"

高德荣的300元钱，是他省吃俭用攒下来的。他回家那天，当他把这笔钱交给母亲时，一家人都笑了。原来，二弟就要结婚了，家里正需要这笔钱呢。

当天晚上，他才回家，母亲就把这笔钱一分不少地拿出来还他了。他一脸惭愧，安慰父母说："你们别急，我会跟学校的同事借，不会误了二弟的婚事。"

母亲摇摇头："是村里的事大，还是家里的事大？你是有文化的人，难道还连这点轻重都分不清？你弟弟的婚事，再拖两年也不成问题。"

这时，坐在火塘边的父亲放下烟斗，说话了："德荣，你出钱给队里买钢索，这可说是尽本分，我们是实心竹子不说话。你知道，我们独龙人，就是打到一只兔子，全村老少都有份的。"

说到这里，父亲站起身，拍了拍他的肩膀，说："你可能没有听过，我们独龙族有这样一个古老的故事，今天我就给你讲一讲。有一年，十几个独龙族男女一起相约着到山上挖草药。大家正忙活时，突然从密林里蹿出一条蟒蛇，蟒蛇有牛肚子一样粗，它张开血盆大口，一下就吞下一个离它最近的女人。女人的丈夫见状，毫不畏惧地高举挖药的木锄冲向大蟒蛇，也被吞下了。其他的男女面对这一惨状，没有一人退缩，而是把生死置之度外，都手拿木锄，大声喊叫着向那条大蟒蛇冲去。但他们一个个被吞下了。最后只剩下一对母女，她们在不远处挖药，听到人们的叫声就跑来了。女儿才只有七八岁，是第一次跟大人进山挖药的。母女俩亲眼看到大蟒蛇把那么多人都吞下肚子。母亲要女儿快跑，自己却举着木锄扑向大蟒蛇，转眼间也被大蟒蛇一口吃了。女儿没有跑，学着母亲的样子举着木锄冲向大蟒蛇。这时，奇迹在她眼前出现了，那条大蟒蛇变成了一条金光闪闪的飞龙，它发出一声惊天动地的吼声，接着，她看到母亲和刚才被吞的人一个个安然无恙地从龙口中走出。当人们一个不少地走出龙口时，金龙说话了：'我是你们的守护神。实话告诉你们，今天你们要是有一个人贪生怕死，你们就再无生还的可能。这个世界上，有太多的劫难，许多族群的人就是因为自顾性命才灭绝的。我的子民，不管今后世道如何艰难，都根连根，心连心，拱着头上的土，抬着肩上的树。你们要生生世世铁了心，这样，独龙人才能生存繁衍、生生不息。’从此，我们世世代代都牢记守护神的话，才一直过到今天。”

父亲接着说：“只是，光凭你一个人的这点工资，解得了一时之急，却不是长久之计啊。这些年来，我一直在想，我们守着这么好的山水，日子为什么却过得这样难？后来，我想通了，是缺少有文化有头脑的人来帮我们出主意、想办法，带领大家往前奔啊。”

“守护神”的故事，高德荣心里有另一个版本，那是解放军和党的干部、教师结成的“龙”。他和乡亲不是“龙”吞吐出来的，是骑在“龙”身上的。多年学习，他知道驾驭一条巨龙，乘云飞升，需要绝好的本领。

当夜，他失眠了。他在外求学、工作多年，经见了不少世面。但回乡短短的几天，就有两人断送了年轻的性命……

独龙人的命运，不是一条竹篾索桥能系得住的！

而自己一毕业就端上了金饭碗，不管是春旱夏涝，短不了一日三餐。他所以决意“回到母腹，与民族再生”，恰如他与马秀英吐露的真心：“团委书记的工作固然重要，但我终日面对的是学有初成的民族子弟，而在独龙江，师资不足，上学好比上树掏蜂蜜，八九个孩子，五六个失学，盲人能过江？独龙江需要教师，有不少内地教师奉献了终生，那种不怕牺牲的精神令我羞愧。但毕竟内地与边地，生活水平天差地远，独龙江在雪雨雷暴中招招手，就能引来凤鸟？我再回独龙江，是吮吸母亲乳汁！母腹的暖和，我也渴望。我不回去，谁去？”

原本要在家待一个月，但只一个星期，他就决定回学校了。

他的“长考”完成了。

临行前，他庄重地对父亲说：“我要调回家。”

父亲一点也不意外，点点头：“秀英那头呢？不能只你一个棕包挂在树顶啊。”

他一笑说：“一个棕包做不了大菜，放心。”

这时，母亲把一个大包袱交给他，说：“你把你买的这些衣服带回去，我们冷了有火塘。”

他说：“我回来添柴。”

言毕，他泪流满面，跪倒在父母面前。

听了他的述说，李校长半天才出声。他恳切地说：“德荣，你有这样明事理、有胸怀的父母，我真为你骄傲。我尊重你的选择！”他边说边给高德荣倒了一杯茶，语重心长地说：“你知道，去年12月，党的十一届三中全会召开后，在广大农村，已经开始实行家庭联产承包责任制，农业生产得到了大发展，农村开始富裕起来了。要是前两年你提出要回独龙江，我还不放心，也不会批准的。但现在形势这样好，你是应该回去大显身手、报效家乡了。”

这些，高德荣当然知道，但要独龙江也变，难！

说实在的话，做实在的人，这是高德荣一生都践行的信条。

高德荣紧紧地拥抱住自己敬爱的校长。说什么都多余，在他手底，能感受到老校长瘦瘦的肩骨和温暖，他止不住地流泪。

李校长转身出去，对人事处干部说：“去请食堂的师傅加两个菜，钱我出，今晚我们为德荣饯行！”

3

“苍蝇跟着甑子转嘛！”妻子秀英只一句自嘲。

高德荣回独龙江乡教书，妻子只得随转调到独龙江乡卫生院工作。但高德荣即将就任一个普通教师的巴坡完小离卫生院还有不短的路程。

“你不是不知道家乡的情况，我自愿跟随你到艰苦的家乡工作。”这个朴实的女人这样劝说自己的丈夫。

“每天见不着你，我就到山后去喊！听见回音就是我！”他说。

妻子的眼睛湿润了，说：“别不是什么马熊吼！”他含着热泪，把妻子紧紧地拥在怀中。

傈僳族干部、贡山县原政协主席赵学煌，和高德荣一起在独龙江和贡山县工作过30余年，两人有很深的交情，老人退休后定居丽江。说起当年高德荣回乡，他慨然叹息：“如果他对家乡爱得不深，如果他对独龙江的发展没有使命感和责任感，不管谁说什么，他也是绝对不会回到独龙江的。说实话，那时在独龙江工作的很多同志，连我自己在内，最大的梦想就是调出独龙江，出了独龙江就解放了。”

“服务一阵子”是可以的。

“服务一辈子”是难能可贵的。

而改革开放之风要吹进独龙江是难上加难的。

这时在独龙江工作的外地及本地干部都将这些体验归纳为“四多”“四难”。

所谓“四多”：一是雨水多。独龙江一般年降水量在3600毫米以上，特殊年份超过4300毫米，一年365天中有300天下雨，是世界上降水量最多的地区之一。二是蚊虫多。独龙江温热潮湿的气候繁衍了不少毒虫蚊子，人被叮过的地方会发炎，很长时间都医不好。三是流行疾病多。每两三年发生一次流感、疟疾、痢疾、乙肝、百日咳等疾病。由于医疗条件差，每发生一次流行疾病都是灾难性的。1978年春，钦郎当流行疟疾，死了27人，一周内人口减少了一半，最后部队支援了1000片奎宁才控制住了疫情。四是蛇多。在独龙江的深山老林、田间地头甚至民宅附近，有上百种蛇出没，且大多是毒蛇，许多群众和干部职工劳作时常常被毒蛇咬伤。

此外还有“四难”：一是行路难。每年有半年大雪封山，几乎所有的路都不是人走的路，但不得不走，出门需要带砍刀、背篓、绑腿、雨衣“四件宝”。二是物资缺乏，生活艰难。每个月只有国家定量供应的30斤粮食、1斤肉、3两菜油，没有副食品和蔬菜。三是通信困难。一年正常的邮递只有4个月，上年的书信报刊到第二年的7月才能收到，来一封家书人们高兴得不得了，常常和驻军与地方同志共同分享，有的信都被一双双手给翻烂了。四是找对象难。干部职工四五年才能轮到一次假，而且只能安排在8月份至10月份之间，找对象往往是父母或哥嫂选定的，基本上没有谈情说爱的机会，假期内能办完婚事就不错了。独龙江第一任区委书记杨世荣，从1950年10月任职到1969年下放，其间有两个孩子，他们都在只有4岁时，因病死亡，第

大雪封山

二个孩子他甚至连面也没见过。

更让人痛心的是，“文化大革命”期间，原来就以刀耕火种为主的独龙江地区，大搞“以粮为纲”，随意消灭杂粮，造成粮林俱伤，多种经营下降，群众收入减少等倒退局面。1980年独龙公社种植面积中，牛耕地的面积仅占7%，即使是固定耕地较平缓的地方，牛耕地的面积也不到20%。刀耕火种，甚至用较原始的“郭拉”“巧卡”等铁木锄棍点种的仍占60%到70%。

在50度、60度乃至70度的陡坡上开地，比比皆是。在“文化大革命”后期，当地戏称这些坡地为“大字报地”。还真是神似！“要掰苞谷先扳桩，撒手滚到江中央”，大量垦殖陡坡，造成滑坡泥石流灾害频发，生态原本极其脆弱，此时极度恶化。人们在现代信息中搜索到一组似乎适合预测独龙江前景的字眼：“不适宜人类居住”。“与其政府投钱，不如移民搬迁”悄然流行。

因此，“解放”一阵子，乃至半辈子，最好立即“解放”自己——合情合法。但高德荣的信念是“誓与独龙族人一齐解放”，“国家扔不下独龙族人半天日，独龙族人扔不下乡土一寸分”。

4

高德荣在独龙江巴坡完小任教，一干就是5年。

这期间，高德荣一边教书，一边学习，语文、数学、地理、美术、音乐、舞蹈，什么课都教。乡亲们都说，他是孩子们的“人生导师”，拨亮一盏盏希望的灯。

1980年六一儿童节前夕，独龙江孟地大队中心学校组建少先队大队。当时孟地大队共有5个教学点和1个中心完小，需要把教学点上的所有学生集中到中心完小，而最边远的钦郎当小学到中心学校，孩子们要步行两天，中间要过很多条溪流小河，加之雨季随时都有危险，接送学生是个大难题。当时高德荣是区里的扫盲干事，但他主动承担了护送学生的任务，他与任课老师李自杰一道，背着学生连过三条河，用两天多的时间把学生们安全护送到学校。

那时，独龙江将近半年“吃野”。所谓“吃野”就是到野外找代食品来补充粮食不足。山地、深箐、高沟，“找吃度荒”是功课，什么蕨根、芭蕉心、野枇杷、山橄榄，都是充饥之物。但即使这样，野果野菜也是有限的。开春的荒景，令人忧心。一天，高德荣冲进负责整个独龙江乡物资调配的赵学煌的办公室，叫他多分一些肉给学生。他说：“学校长时间没有油水，学生都瘦成一棵棵草了。”一边说一边流泪。

赵学煌摊摊手，这个动作的含意是“看我手板心——光光的，没有”。但他还是答应想办法。

每年独龙江大雪封山期间，高德荣家里总是有一群独龙江的学生。原则是“我吃什么你们吃什么”，事实上“吃家”让“持家”人“恨不得像蜈蚣长出一百只脚”，妻子马秀英和高德荣父母都来“忙这口大锅”，可锅里烀的什么呢？一天，高德荣拿起勺搅搅锅底，稀薄如清汤，其他什么也没有。他调侃道：“知道‘熬’有三种结果吗？一是日子是熬出来的，二是营养也是熬出来的，三是精神是越熬越长的！”喊“吃饭”，少了两个学生，他担心了，自己不吃，等。天黑了，突然火把光忽闪忽闪，两个孩子没进门就喊：“高老师，我们找到‘羊’了！”他们背了一背箩山药回来，戏称这是他们早早“号”下来的，藤子上拴了红线，恰如在地底下养的“羊”！

高德荣一喜一激，泪流满面。他连忙掩饰：“火烟大了，赶紧把柴架高啊！”

爱护学生，重视教育，高德荣深知只有教育搞好了，独龙族群众才能够真正脱离贫困。“教育上不去，发展就上不去，我们不能再生产穷人了。”——这是他的“经典思考”。六年，他教书育人，人也教他。“野吃”的启示是：这样一种采集时代的生活方式，在独龙江沿袭了千百年。作为“文化遗产”，它是“活样板”，但这个“活法”，苦痛辛酸！它“维持最低程度的生命之需尚且不保”，只能生产穷人，“穷”往往与目光短浅、智识低下乃至怠惰为习相伴生，是生产穷人陋习的原始机制。最根本的是改变人！只有改变了人，才能割断那根“藤”！

1984年春，党组织根据“在维护民族地区改革发展稳定大局中考察干部，在工作条件艰苦、情况复杂的环境中锻炼干部，把更多政治上跟党走、群众中有威望、工作上有实绩的高素质少数民族干部选拔到领导岗位上来”的用人原则，任命高德荣为独龙江区副区长。

上任不久，他就提出了植树造林、封山育林、扩大林地、杜绝野火烧山等发展保障措施。有人说他这样做是多此一举，独龙江没有金银财宝，甚至连条公路也没有，但树木满山满岭都是，有的都长了几百年了，几辈人都烧不完，搞什么植树造林、封山育林、扩大林地？他瞄准的是“原始生产方式”。其实，多年来，独龙族的耕种观念已经发生了重大的改变，但刀耕火种的陋习仍顽固地存在着。人口的增加，使峡谷里仅有的土地承载的负担加重了，人们加倍地焚烧森林，开生荒，以增加耕作面积，广种薄收，来弥补吃粮不足。这使得独龙江两岸的山地失去了往日的茂密与养分，日甚一日地引发了肆虐的泥石流，灾难频发，前景忧心。

他严肃地说：“如今的好山好水是祖宗给我们留下的宝贵财富，如果我们只会一味索取，而不是在保护的前提下求发展，很快就会坐吃山空。我们都会成为一代罪人。”

他的意见得到了区党委的采纳和群众的赞同。提出这一措施后的第二年春天，独龙江就植树造林5000多亩。

独龙江区召开区人代会、党代会、团代会、妇代会等重要会议，都要提前10天安排数人分头行动，走村串寨地通知每家每户，开会通知难、效率低、耗时费事成了独龙江区政府每次召开重要会议的现实难题。就拿独龙江区的巴坡大队来说，辖区面积430平方公里。其中，斯拉洛村的辖区范围就有100多平方公里，江东有10户村民，江西有10户村民，20户村民共计106人，每户居住在一个山头上，每通知召开一次会议，需要七八天的时间才能返回。

为解决开会通知难问题，高德荣发明了放炮传信的方式，由各大队抽调一至两名年轻人到区上进行放炮业务培训，培训后每个村再配发一定数量的雷管和炸药，选定某个大家都能看到的制高点安全放炮，同时约定：重要会议、紧急会议放两炮；一般会议放一炮。放炮时间为当晚八点，开会时间为次日下午两点，会议地点：大队部。在制高点放炮的声音可以传得很远，村民们一听到这样的炮声，就按约定的时间赶往会议地点，大大提高了开会的效率，这在当时是最先进的通信方式。

群众高兴了，见面说："高副区长，什么时候放炮？我们耳朵痒了啊！"

这是原始机制转换的一次实验。它证明，适合群众心理的细微改变，乃至改革，群众是乐于接受的。它寓意深远。

此外，独龙江所属的贡山县还有一件事很独特：因峡谷冰雪封路堵道，成为全国唯一一个经过批准将每年"两会"时间调至8月的县。

1988年，高德荣当选独龙江乡乡长。

一位叫董时进的大学者曾经说过："我素来认为要知道乡村的秘密，

和农民的隐情，唯有到乡下去居住，并且最好是到自己本乡本土去居住。依着表格到乡下去从事调查，只能得到正式的答案，正式的答案，多半不是正确的答案。”

为真正吃透乡情，上任后的大半年，高德荣走遍了独龙江全乡6个大队42个自然村1052户人家。冬天的风像鞭子一样抽打在身上，鼻子、脸庞，耳朵冻得僵硬，嘴冻得说不出话。但他仍不顾严寒，顶风冒雪，在一个个寒冷的村庄穿行。

接触着目光空洞、面如菜色、时饥时饱的同胞，他的心阵阵发痛。他是独龙江的孩子，独龙江是他的父母，独龙江的人都是他的亲兄亲弟、亲姐亲妹。他们的苦就是他的苦，他们的幸福就是他的幸福。在一条条似乎没有终点的道路上，他常常自问：你作为一名共产党员，一个乡长，党信任你，不是把整个独龙江交给你了吗？你能说的乡亲不一定能说，你能做的在哪里？

一行脚印，一路问号！

一天，他到与西藏接壤的迪政当村。那时整个村子全是茅草房，老百姓见到生人来都不敢开门。但是那一天听说他们的乡长来了，大家奔走相告，在很短的时间里所有的村民都知道了。他来到一户村民家里，刚进门坐下，村民们就簇拥而来。有的带着一两个鸡蛋，有的拿着几个洋芋，有的提着一小袋扁米，有的拿着几个芋头，一见到乡长，他们就把他团团围住，争着抢着把带来的东西塞给他，争着抢着要和他说话。他收下东西，掏出几十块钱交给主人家叫打理伙食，一边招呼大家围坐在火塘边。乡亲们见他们的乡长没有一点架子，都争先恐后地跟他说村里的情况，说家里的情况，说生产生活难，说读书看病难，说得他心乱跳，许多人说着说着就流泪了。

他饱含深情地对乡亲们说：“有党和政府的关心，有改革开放的好政策，我们独龙江一定会一天比一天好起来，我们独龙族人民一定会过上幸福的生活。现在有一些困难是暂时的，我们要像独龙江水一样向前走，不要怕困难，要让困难怕我们。”

反躬自问，这些都是套话、空话。是他在羞愧忐忑间，没有整理出特定的思路时，随口说出来的话。他相信，每个干部都会说这些“套话”“官话”，不假思索就可以“吐”出来。

但那一天，没有鼓掌习惯的乡亲们竟把巴掌拍得山响。

仅仅因为他是第一次来访，也许，还因为他是独龙族人。从常理上讲，乡亲对他更信任。

乡亲们七嘴八舌地向他提出不少建议：我们独龙江有的是黄灌木林，我们想养殖黄山羊、独龙牛，可我们没有本钱；听说贡山的不少山村都用电照明、碾米、磨面了，我们这里怎么还没有电？还有学校，也应该盖得像样些，孩子们苦啊，路还是难走啊，我们好多人都没有去过贡山城……

他认真地听着，在笔记本上认真地记着，泪水在眼眶里打转。他越发坚信：乡亲们不是消极被动、不想改变现状的芸芸众生，更不是自甘落后的一群人，他们是民族命运的承载者，民族精神家园的坚守者和开拓者。不管遇到怎样的艰难曲折，他们都要做自己命运的主人，都怀有一个用诚实劳动去争取美好前景的美丽梦想。他做出承诺：“请你们相信乡党委、乡政府，对你们要求解决的问题，我们一定会给你们一个答复！”

5

在独龙江，山有多重，承诺就有多重！

半年冰封雪盖，生产劳动的“有效期”只及山外一半。

在独龙江，水有多深，承诺就有多深！

海拔3000米以上，狗尾巴草一个月就打籽，月亮花七天就开花，生命匆匆赶路，瞬间即逝！而可耕地只有巴掌大，农作物的生长期不到四个月！如果将“可比因素”置于某种“均衡比较系统”，它永远是末尾！它是“富裕”禁区，只发育“贫困”！

你的承诺必须跳出“禁区”！

他给乡亲们一个怎样的答复呢？

他干了两件当时大家都认为是异想天开的事。

第一件事：他亲自写了证明，让办公室盖上章后揣上，只身一人跑到昆明，先后走进省民委、省农业厅，恳请支持。

在办公室，他向人家笑笑，见人就发烟，有的人不接他的烟，他就放在人家的办公桌上，随后，他一言不发从口袋里掏出证明。多少年过去，他还大致记得证明上的内容：

> 兹有怒江傈僳族自治州贡山独龙族怒族自治县独龙江乡党委副书记、乡长高德荣，独龙族，中专毕业。经独龙江乡党委认真研究，特派该同志到贵单位请求帮助发展畜牧业生产，以让独龙族同胞在改革开放政策春风中，早日过上幸福生活。希望贵单位给予解决发展经费为荷。独龙江5000多名党员干部、人民群众向各位领导致以最崇高的敬意！

他说：我不是来比贫困的，是来比点子、比实干的。实干就要有可行项目：如发展黄山羊饲养，适宜独龙江“山场分散、农户分散”的特点；又如试养独龙牛，更适合高山散养、野放的特点。总之“小（规模）、特（地方特产）、独（独有他无）是我们敢于登门求援的底气所在”。

听工作人员汇报有个乡长来单位请求帮助解决发展畜牧业生产资金，省民委领导有些不相信地问："来的是县长吧？"

"我们认真看了，是乡长，叫高德荣，是独龙族。人家可是带了乡上的证明，不会有假。"

"应该好好接待。走，去看看。"

领导认真看了证明，又看了高德荣呈上的请示报告，问："你们要养独龙牛？"

高德荣说："我们独龙江乡有1994平方公里的面积，森林覆盖率高达93%。草山面积多，人口又稀少，非常适合养殖黄山羊、独龙牛。我们的农民太苦了，每人每年只有不到300元的纯收入。如果能够养殖独龙牛，那他们就能过得好些。"

看样子，这个乡长非同小可，"有思考，有水平"。

接着，有人问："说说独龙牛怎么养？"

领导的暗示是，这里有专业人员，你还要回答一些专业问题。

高德荣说："独龙牛因产于云南怒江西北边境的独龙江地区而得名，是我们独龙人以前专门用来祭祀的牛种。它身高体大，背毛黑色，额部宽阔，又称'大额牛'，是我国独有的珍稀牛种。不过因为以前保护工作没有受到足够的重视，很少有人养殖，加上人类的过度猎杀，现在全世界仅在不丹、印度、缅甸和我们独龙江等地有分布，应鼓励民间养殖。"

"如何养殖？"又有人问他。

"独龙牛是半驯化的，但依然保持着野牛的体力和野性，独龙牛活动量比较大，要在有草有水的山林野地才能生存。活动量少了，它的食欲也不好，就养不活。独龙牛的活动范围在方圆100多公里，以前我们独龙江有野生独龙牛，都生活在原始森林中。"

"这么说，你们发展独龙牛，要围一个大栅栏？"有人笑问。

"这么宽的山是围不了栅栏的。它能自己采食，吃竹叶，吃树叶，我们只要定期到它们经常去的地方，投放一些食盐喂它一下，它熟悉了盐巴的味道，就会经常回来，吃完盐巴以后，它就又回山里去了。”他还告诉他们：“独龙牛不是一般的牛，生仔成活率比较高，基本上是生一头活一头。母牛要生仔的时候，会离开牛群，到一个安静的地方分娩。生产以后，母牛不到半个月就发情了，它就带上小牛来找牛群。独龙牛是野外放养，不吃人工饲料，饲养成本非常低。所需资金，用于生态保护、种群管护、巡视、确定种群繁衍数量，逐步过渡到发展商品集群的研究。”最后，他摊开手：“但我们独龙江乡太穷了，群众想养，却连一分钱的启动资金都没有。”

高德荣的话讲完了，再也没有人插嘴问了。

领导对这位颊上带着还未痊愈的冻疮的年轻人说：“你都成了养殖独龙牛的专家了。看你的证明你是中专毕业，是学畜牧专业的？”

“我从怒江民族师范学校毕业，本来是教书先生，但后来当了乡长，不得不什么都跟群众学，争取做专家啊。”高德荣诚恳地说。

这是一个“让你无法拒绝的人，他太实在了”。

“我们支持你！”领导最后拍板。

他又到了省农业厅“游说”。后来，厅长亲自到独龙江调研，会同省民委和乡政府一起，确定了扶持黄山羊、独龙牛为主的特色养殖业，发挥特色优势，发展特色农业，促进了独龙江畜牧业的发展。

他成功了，但只是起步。

目前，一头独龙牛价值在万元以上，农业部已经将其列为“特别保护品种”。有一点，是高德荣没有想到的，一些专家十分看好独龙牛的“种值基”价值，它极有可能为中国肉黄牛的基因改造做出最佳贡献。也就是说，仅仅一头活成牛（除少数病劣需要淘汰，不屠宰），它的种值估价，已经远远超过了一头肉黄牛。

如今全县境内沿边山区公路或山林中，到处都能见到成群的独龙牛，这成了怒江州特有的名片。

第二件事：他大着胆子带上乡里的两位干部直奔昆明，向省有关部门反映独龙江的贫困，以争取资金发展独龙江乡的基础设施建设。

这回，他没有光凭一张嘴，他想让上级领导比较直观地了解一下独龙江人民的生产、生活困境。

他发动全乡会画画的教师，把独龙江惊心动魄的“蛇路鸟道”、“藤索飞溜”、风雨飘摇的独龙族居住的“千脚屋”、白雪茫茫山野上的人苦马瘦、歪歪扭扭的茅屋校舍、在黑烟滚滚的松明下孩子求知的眼睛……一一如实地形诸纸上，并亲自配上充满感情的文字。

学校年久失修，县里拿不出修缮资金，结果，房子越来越烂，“房无门、舍无窗”，孩子们干脆从窗洞里爬出爬进。受不了饿，间或孩子弄到几条鱼、几个山芋，三个石头垒个灶“立炊”，熏得屋子如炭窑，恰如“鸟巢兽窟”。睡的床，独此一板，光溜溜，学生裹一块独龙毯，滚过冬夏春秋……

在省城，有关部门领导望着这一幅幅“独龙江乡民生图”，无不为之动容。

他们说，为了独龙族同胞的发展，我们没有权利坐视不管。

结果，相关部门一次性给独龙江乡安排了350万元的项目资金。有了这笔资金，他带领大家扩建了独龙江乡卫生院、中心学校，新建了一个小型电站、四座人马吊桥，初步改善了独龙江乡的基础设施条件。

也许，在不了解的人眼中，高德荣只是一个工作狂，其实，他也是个会过“小日子”的人。在独龙江乡工作期间，一有空，他就开荒种植洋芋、萝卜、玉米、辣椒等蔬菜来改善生活，有时白天忙得没有时间下地，到晚上他就会在地头燃几堆篝火照明，继续挥锄。白天穿白大褂的妻子也常被他动员到这里跟他一起干。当时县上的领导来独龙江乡，都不愿意在乡里的食堂就餐，因为食堂的伙食缺油水，用来下饭的大都是漫山遍野的野菜，蕨菜、竹笋、木耳、竹叶菜、野黄瓜……当时人们本来就很少能沾上一点荤腥，再这样天天吃，人人面黄肌瘦，感觉骨头上即使有一点油也被刮走了。

到高家，却是另一种享受，有新鲜蔬菜，还能吃到山珍野味和江鱼。当时缺吃少穿的人不拼命向大自然索取蛋白质、脂肪，就不能维持起码的营养。独龙男人无人不是猎手，而高德荣则是公认的渔猎高手。他家的饭桌上，常常有高黎贡山和担当力卡雪山上的野兔，独龙江的细鳞鱼、扁头鱼，至于竹笋、木耳、蘑菇等，更是家常菜了。一天晚上，县上来了十几位领导，他请他们第二天到他家里吃饭。

半夜，正熟睡的妻子被刚回家的他推醒了。他要妻子跟他到独龙江去打鱼招待来客。累了一天的妻子不情愿地赖在床上。他说："独龙江山高水长路难走，人家县上的干部能到我们家吃顿饭，是瞧得起我们家。时间不等人，跟我走吧。"妻子只好点燃火把跟他去了。当天凌晨，他们捕到了一大桶鱼。他扛着渔具，妻子背着鱼跟在后面，走着走着他发现妻子不见了，回头一看，星光下，妻子扶着路边一棵树定定地站着，睡着了……

有人问他为何对山外来人如此倾情，高德荣说："就是一般人，跋山涉水来到独龙江，不是看得起我，而是看得起我的母亲——这方山、水、人，就是亲戚了！州县干部，也不是非来不可，来了，大多心存念想，是来帮我们做事的。'打工'打到家门口，就是我们的大师傅！别说几条鱼，掏心也甘愿！"

当时的巴坡没有通电，统一用小发电机自己发电，但每晚都会放电影，来来回回就几部，看到好玩的场景，听到好听的台词，会说汉话的人都跟着“对口”，满场“汉、独对白”，不少独龙族人因此学会了简单的汉话。高德荣用心良苦，“话通才文通，才有交流，先进文化才会走进来”——这些影片来之不易，是他通过关系才从母校得到的。高德荣还指挥大家在峡谷中最大一块平地上辟出一个篮球场，晚上一有时间就组织大家打篮球。乡上的干部和巴坡村里的男女老少，每天从山上劳动回来，一吃过饭就上这儿跟他打球，很快，他们的球艺大多超过把他们引进门的“师傅”。

把一个球投进篮框，却有那么多“规则”。他讲解什么是“三步上篮”，什么是“带球犯规”。“全世界都一个规则，这就叫‘一体化’‘现代化’。独龙人什么时候能上篮，投三分球，又能用弩子射中飞鼠，你就‘现代’了！”

做人心地透亮，做事实心如铁。这铁，还得抽成细丝，拴得住独龙人的心结。在他看来，什么样的事都是“工作”。“小石磨磨豆腐，注水细才出得匀。”

高德荣的车上随时要备两三条车胎，他的工作节奏实在太快，不停地跑村寨、跑工地，路途太艰险，一条备胎根本跟不上趟。还有，治疗伤风感冒、胃痛的药也不能忘记给他放在车上。过去几十年里，他总是风餐露宿，多次受伤都不去住院治疗，坚持忍着疼痛边吃药边工作。1988年他任乡长时在下乡路上摔伤胳膊；2000年跨入新世纪又遇过车祸，头部受伤；独龙江扶贫工作中，在翻雪山时因发生雪崩，他还曾经被埋在大雪里，经全力营救才得以生还。30多年风雨坎坷，没有哪次受伤住过院，就是大保路上遇车祸，也是两天后就离开保山市医院，头上包着纱布回到了工作岗位。

各方面的优秀表现，使他一步步走上了领导岗位。

1990年6月，他接到贡山县人大常委会法纪科科长的调令。他先是不想去。

妻子劝他："德荣，你应该出山，独龙江也在贡山呀。再说你到县上工作，就能为更多的人干事。"他连连点头，夸妻子有远见。

但调动的事他一直没对外人说，直到他要走的那天，大家才知道。他是怕大家摆酒送他，这要花费，独龙江乡那点家底，他清楚。

继后，他升任副县长、县委副书记、县长。

自1990年至2006年，整整16年。

从人们称他"县长"，到习惯称他"老县长"。

有人揶揄他："你是簸箕大的台面，拳头大的陀螺，转不出去了？"

他笑笑说："再加一句话：陀螺不倒要使劲抽自己！"

事实上，在16年里，多少县职领导来了又去，提的提，调的调，不细数还真数不清。他是州管干部，在无数次调配、交换任职的干部组织调整中，怎么独独没有他呢？不，是他不走，是初衷不改——"回归母腹，与自己的民族再生再成长"。5年任教（1979年至1984年），又任副区长、乡长6年，他尝到了深深扎根乡土的真正滋味："读懂老百姓，要日听夜也听啊！否则，你一句话说出来，连蜡烛都吹不熄！老火筒吹火，要对准火塘心！"

16年，他在贡山县任职，是在母亲身边催生更多的新生力量、新的增长因素、新的生产力、新的思维方式，他相信"文火炖肉才出味"——他的第二次"回归"，是守在"产房"边，听声声呻吟，也听遥远的雷声，他将中国改革开放的疾进步伐向独龙江"放量"传播，在这个平台上，他站得更高，看得更远，他感谢组织对他的信任，把他牢牢钉在这里。由此，他更明白独龙江发展的希望在哪里，步子该往哪里走。

整整27年，岁月倏忽，他守在独龙江的日子已经长过了他出生、读书、外出求学、担任专职共青团干部的全部岁月。

6

陈建华是一个戴眼镜的独龙人，旅游帽，花格子衬衣，牛仔裤，登山鞋，鼓囊囊的双肩背包，一部经常不离手的小型摄像机，一副背包客的模样。

他说："别说在独龙江，就是在贡山，很少有不知道老县长的人。而老县长，是我们一家的恩人！"

今年36岁的陈建华，生在独龙江乡龙元村。其父曾当过高德荣的老师。他先后就读于贡山茨开完小、贡山一中、云师大附中，后以优异成绩考入云南财经大学，现为云南大学民族研究院人类学在读博士生。其间，曾于2001年至2005年留学于挪威王国贝耳根大学，主修人类学。2013年5月，他从昆明回到独龙江，为撰写一篇题为《独龙族亲属制度研究》的博士论文，做为期8个月的田野调查。

陈建华的弟弟陈清华，2002年从云南中医学院毕业后，报考云南中医学院研究生时，因英语分数不理想，省教育厅打电话来征询时任贡山县长的高德荣，要不要录取培养。高德荣一听，赶紧恳切地对对方说："独龙族培养一个大学生都不容易，何况研究生？只要不违反相关政策，请给予录取。"

放下电话后，他还不放心，带人驱车火速从贡山赶往昆明，多方寻找到招生负责人，与对方交心。这一举动，教育厅的领导想都想不到："电话征求意见，得到我们答复就行了，你一个县长还不放心？"他说："说实话，我生怕捧着的水从指头缝里溜了！在独龙江，这是金水！半条江换不来！"

陈清华终被录取。2005年，陈清华取得硕士学位后，一鼓作气报考湖南中医药大学博士生，以第一名的成绩被录取，现为云南中医学院民族医药研究中心副教授。高德荣一直关注陈家弟兄的学业，看到他们这样有出息，倍加欣慰，每当在贡山中小学指导工作，他都鼓励广大学生要向陈家兄弟学习。

坚守故土，就是为这个。

让贡山所有的少数民族都能受到良好教育，成为满腹经纶、知书达理之人，以加快民族地区的发展。他看问题看得很远，他经常说的一句话是："教育上不去，独龙族就没有希望。"

2012年冬天，在贡山一中就读的40多名独龙族学生，因为想家逃学跑回独龙江。高德荣知道这事后非常着急，带着独龙江乡党委政府干部挨家挨户做学生和家长的思想工作。他以一个老教师和长辈的身份，跟孩子们说："独龙江的未来要靠你们建设，如果你们这一代不好好学知识，你们在作文中写的'独龙族的美好明天'就是一句空话，说空话的人可耻！"他雷霆般震怒，样子极为吓人。他呵斥逃学的学生："你们不能当逃兵。当逃兵是可耻的，在战场上是要被枪毙的。"他也毫不客气地对学生家长说："父母是孩子的第一个老师，孩子们身上不好的行为，作为家长是有责任的。你们要知道，如果孩子教育不好，独龙族脱贫了也还会返贫，过上富日子还会再过穷日子！上了学又逃学就是证明！穷日子你们难道还没过够吗？还要让你们的下一代继续贫困吗？现在国家这么好的政策，你们还不让孩子争气，对得起一直关心我们的党和人民吗？"随后，谁也没有想到县长有这一手，他带领乡干部调集车子，命令立即上车，刻不容缓，把学生一个不少送回学校。

每年，独龙江都有因各种原因被"劝返"回乡的学生。

他伤心了。他谦恭地走进学校，向老师致歉，反复说，独龙族出来一个人读书不容易，要供出一个大学生更难，恳请你们多做做学生的工作，把他们都当成你们的孩子，多关心他们，多爱护他们，使他们安心学习。"若再发生这种情况，请立即通知我"——他是县长，还是每一个孩子"再生"的父亲母亲。贡山的中学，每一位领导及教师都明白，县长管教育，管到“心肝透脊背”，没有人不为此感动。

他还真诚地邀请他们：“以后你们进独龙江，我请你们吃饭，观赏独龙江的美景。”

一天，有人谈及一位在中科院工作的独龙族博士，因思乡绵绵，欲回怒江定居。高德荣一下激动起来：“我们独龙族人，祖祖辈辈靠吃树叶、啃树皮这样繁衍下来了，因为有了教育，才能真正像人一样生活。能在北京工作，还三心二意？要不是共产党，我们独龙族人，连到六库都别想！”

接着，他动情地说：“我们独龙族，需要太多的专家学者。远的不说，就说独龙族的民族文化，也正在慢慢被外界同化，衣着打扮、婚丧嫁娶正在变味，有的人身为独龙族，却连本民族的话都不会说了。”他长叹一声，接着说：“今天，我们独有的文化，需要有专家学者，尤其是本民族的专家学者来研究。这是十万火急的事啊！比如我们独龙族妇女的文面，众说纷纭……”最后，高德荣感叹道：“不要因为走得太远，就忘了当初为什么出发。”他的话让所有人心头一震。

陈建华说：“老县长的话，道出了我们独龙族同胞的心声。是啊，没有党，就不会有独龙族的今天。正是党的民族政策，才使我们独龙族人过上了安宁和谐的生活。老县长盼望独龙人多出人才，是希望全国各地都有独龙族和其他少数民族参与、见证祖国美好未来。”

四个多月来，陈建华徒步独龙江乡的山山水水，走村串寨，与独龙族同胞同吃同住同劳动，有的一个村与一个村相隔30多公里，他也是一步一步、一天一天地到达目的地的。这样做，是想通过自己缜密的调查，让外界更多的人了解、理解独龙族，从而让独龙族人民有更大的生存、发展空间。他最后说：“是啊，我们要记住老县长的话，‘不要因为走得太远，就忘了当初为什么出发’。有老县长这样视野、胸襟开阔又务实的人，我们坚信，独龙江的未来会更美好。”

7

事实上，在20世纪50至60年代，即新中国成立第一个十年，就有中国人民解放军文化宣传干部深入独龙江。冯牧时任昆明军区文化部长，他一人徒步走进独龙江；继后是昆明军区文化部副部长、电影《英雄儿女》的作者之一毛烽紧随其后来了。毛烽流连于一座冰川下，护卫的战士认为这太危险，请他离开，但他眼睛直愣愣地盯着悬冰上的某处，那里竟然有一簇洁白的兰花破冰开放了！这位老战士感动得不能自已。世界之大，大美在自然，但这丛兰花，让他想起朝鲜战争中的硝烟，硝烟中的英雄，似乎时空转移，在这里穿透尘埃，以一种冰雪之姿，傲然显现！独龙江的美就是这样！

那位小战士把冰雪中的兰花小心翼翼地凿开，托起，轻轻盛放在一个棕树疙瘩里，送到首长手里，作为独龙江人也是边防战士的“写照”赠送给为英雄而豪唱的歌者。其后，毛烽守护这丛普通的小雪素兰花整整25年！

在他们的感召下，先后有著名作家张昆华、张永权等人走进独龙江，以他们的笔墨书写这里的独绝大美。

更多的人知道了独龙江，向往独龙江。

“文化先行”，高德荣心知肚明，身体力行。

“独龙族文化是人类文化宝库中的活证，即使独龙族人也没有权利去毁坏玷污它。但如果独龙族人自己轻蔑和不加认可，极有可能成了毁坏的‘稀释剂’。”高德荣在担任副区长、乡长、县长的20余年里，只要可以脱身，每有记者、专家、作家进入独龙江，他必定亲自做向导。常常，当来访者发出“这位向导真不得了！堪称独龙活字典！”时，经人介绍，才知道向导是县长！

2013年9月一天下午，在怒江边防支队独龙江边防派出所，记者们亲眼看到一个文面女——孔当村委会孔干村民小组的肯国芳老人。

当天，独龙江边防派出所迎来了一个记者团，在所里举行的警民座谈会上，边防官兵送给肯国芳老人一摞月饼。

独龙语称文面习俗为“班都儒”。

肯国芳老人身体孱弱，她安静地坐在派出所办公室的长竹椅上，会讲独龙话的人把记者请求拍照的意思翻译给她，老人点点头，微微一笑。她的笑，是一生历尽冷暖的人才会有的笑，像独龙江久雨后的阳光一样纯净，令人眼睛发热。

派出所的官兵介绍，肯国芳老人今年已经70岁，是目前独龙族健在的28名文面女中的一个。每当重大节日，边防官兵都会到她家里嘘寒问暖，给老人送去营养品，还为老人义诊，并与她的家人一道欢快地跳起独龙族舞蹈。她也会赶紧在石板上烤粑粑招待边防官兵。老人一家也是独龙江乡开展的“整乡推进、整族帮扶”行动中的受益者。她家和6000余名独龙族群众住上了全部由政府统一建盖的安居房。

据史籍记载和民间的传说，独龙族妇女文面习俗的由来，有其特定的历史原因。近两三百年来，藏族土司和傈僳族奴隶主的势力不断深入独龙族地区，对独龙族人民进行残酷的剥削和压榨。特别是藏族察瓦龙土司，每年都要向独龙人强收名目繁多的贡赋，甚至连嘴、耳、鼻、头发都要征税。如缴纳不起，便强掳妇女为奴。特别是年轻、漂亮的独龙族妇女，常常面临着被掳走他乡的危险。在这种特殊的社会历史环境中，独龙族妇女为了免遭掳掠，逃避土司的蹂躏与践踏，只好采取一种消极的自救办法：用锅烟子涂抹脸颊，甚至宁愿忍痛把自己的脸染刻成

独龙族文面女

永远洗不掉的“黛墨青纹”，使生人望而生畏，不敢近前。久而久之，形成了文面的习俗，并一直延续到解放初。所以，文面在历史上是独龙族妇女反抗民族压迫、求得人身安全的一种消极斗争形式。

还有一说是对蝴蝶的崇拜。文面女脸上的花纹都是蝴蝶的变形——这种美丽的生物承载着独龙族对美的想象。而且独龙人认为，人的亡魂最终将变成各色的“巴奎侬”——一种大而好看的蝴蝶，只有文了面，死后才能与自己的灵魂相认。这大概是关于文面由来的最美丽的传说了。

文面究竟是为了什么？在高德荣看来，所谓以文面毁容来躲避外族抢掠，未必就是正确答案。高德荣更倾向于“以文面求美观”的说法：通过文面来表达图腾崇拜，在很多保留原始信仰的民族中至今都存在，也符合独龙族的实际。部落氏族不同，也会产生不同的文面图案，不管是追求图腾崇拜还是区分部落氏族，说到底都反映了对美的追求，就跟现在的姑娘化妆一样。各族人民之间，从来是亲密交往、相互合作。所谓毁容逃避察瓦龙土司的抢掳，少有史书上的文字记载。过去独龙族受到察瓦龙土司、傈僳族奴隶主的歧视、压迫，甚至抢掠独龙人为奴，这是事实。但你就是毁容，也不可能逃避他们的抢掳，奴隶在土司的眼里，不过是会说话的牛马……

随着文面女年龄的老化，针对她们生活环境差、医疗卫生条件落后的实际，长期以来，独龙江边防派出所将关爱文面女作为爱民固边的一个专项活动。为了收集到最详实的资料，高德荣带着民警走访了所有文面女。

如今，为数不多的文面女终于有了完整的电子健康档案，生活状况也有了很大改善。独龙江边防派出所的官兵不仅定期免费为文面女体检、送医送药，而且还为辖区仅存的文面女建立了电子信息台账，这些档案包含了她们的“健康档案”“基础档案”“辖区地图”“民族风俗”“帮扶情况”等14个方面的内容，从不同的角度比较系统和全面地反映出独龙族的民族风貌和文面女的生活、健康状况。

通过派出所军医认真检查，辖区文面老人的健康状况良好，官兵们希望通过开展关爱文面女活动，保护独龙族独特的人文奇观，最大限度地延续这一即将消失的鲜活的历史见证。

第五章

我心归属 魂系故乡

1

1998年8月的一天中午，高德荣带人到丙中洛调研旅游工作。刚回到县城，妻子马秀英就跑来告诉他："舅舅来了。"

"好啊，老人家好长时间没到我们家了。他的身体好些了吗？我们前几天去看望他，你没发现，他可是连路都有些走不稳了。为了怒江发展，老人这一生可是什么苦都吃过了。"高德荣加快了脚步。

马秀英叹了口气："我看老人家的身体是越来越差了。他都等你半天了，我要打电话催你，知道你下乡，他不准，怕影响你工作。我想跟他拉拉家常，可他一句话不讲，他好像有什么心事。"

自从离休后，舅舅不顾年老体衰，每年都要回独龙江几趟。来回一次往往要20天。舅舅家所在的村子也在独龙江南部，离孟顶村只有三四里路。一次他陪老人回家，一回家，舅舅就在火塘边老僧入定似的一坐半天。一天，老人要他陪着到河边走走。那天雨后初晴，阳光灿烂，河水像流淌着大块大块的银子，两岸的山绿得都要溢出绿汁来，在向阳的大树上，有的小鸟在梳理它们独龙毯一样色彩艳丽的翅膀，有的在磨喙擦爪，岩羊、山麂子还有老熊也到河对面的岸边喝水。对一草一木，老人贪婪地看着。

"我80岁了，从一生下来到三四十岁，一直在河边走啊走，你说我走了多少路？山外的汉人有个迷信，说人死后都要到活着走过的地方收脚迹，我趁着现在腿脚还能动，提前做。要不，一躺下，耳朵里也老是响着河水声，搅得我一夜一夜合不上眼。对了，有时在贡山县城的路上走着走着，我也感觉像当年走在河岸上一样……我想起不知从哪里读到的一句话：'没有故乡的人寻找天堂，有故乡的人回到故乡。'回到故乡，当然就要为故乡做事。而我，就是现在回来，也什么都做不成了……"

老人说着，一双老眼泪水盈眶。高德荣知道，老人渴望说话，这种倾诉心曲的热情正是孤独的人常有的。他百感交集，却想不出一句话来安慰老人。他只是劝他："您年纪这么大了，独龙江山高路险，以后多在贡山，少回老家，省得让家人操心。"

老人苦笑了一下，说："只怕以后我想到这里来，也做不到了。"高德荣连连摇头："看您这么好的身体，活一百岁也没问题。"

"对了，老人还提了两瓶酒来。"妻子的话打断了高德荣的回想。他有些吃惊：舅舅从来不沾烟酒。平时上门也会带东西，给孩子们带点水果、糕点什么的，但从没有送过酒。老人今天怎么了？他一进门，看到老人靠墙坐着，闭着眼睛养神，整个人像个泥雕。他上前叫了一声舅舅，老人这才睁开眼睛。当年舅舅是何等的叱咤风云，真是岁月不饶人啊。高德荣心中感慨万千。

老人身前的饭桌上，果然有两瓶高粱酒。

"秀英，炒两个菜，今天，我跟德荣喝两杯。"舅舅发话了。

高德荣张大了嘴巴，想问老人今天怎么了，但老人闭上了眼睛，看样子不想搭理他。

菜很快摆上来了。当马秀英摆好碗筷，又在两人面前放上酒杯，老人说："秀英，你回避一下，我跟德荣讲几句话。"马秀英疑惑地望了一眼高德荣，轻轻走出家门。

老人拿起酒瓶，用力拧开，往高德荣面前的杯子里倒满酒，随后又往自己的杯子里倒了茶，颤巍巍地站起身，双手捧着茶，庄重地说："来，德荣，我以茶代酒，敬你一杯！"

高德荣一饮而下，随后目不转睛地望着舅舅。

老人说："德荣啊，我今天来找你，是想求你做两件事。我希望你满足我。"老人说着用鹰一样的眼神望着他。

老人的端肃，使高德荣仿佛又看到他当年的英姿。“舅舅，快坐下，您有什么话就直说。我一定听您的。”他连忙说道。

“你知道有这样的话吗？‘按着定命，人人都有一死，死后且有审判。’我反思了自己的一生，觉得虽没做过惊天动地的大事，也没有留下什么丰功伟绩，但我做什么事都凭着良心，就是死了，也应该能经得起历史的审判。”老人顿了顿，接着说：“我还有一件事想做，可我这把年纪，想做也做不成了，只能靠你们了。”

“什么事？”高德荣急切地问。

“现在独龙江政府在巴坡，巴掌大的地盘，一条路就占去了大半，将来要想发展，得想法子搬迁啊。我左思右想，孔当那里最合适，那里的山谷有一大片开阔地，村落也相对集中，群众到乡政府办事也方便，还可发展集市贸易。我想听听你的想法。”

独龙江乡政府搬迁，这也是高德荣多年的一个心愿，巴坡处于独龙江下游，辐射面窄，不利于管理，发展条件较差。他多次向上级反映过，县领导班子也研究过，但限于县乡财力，还有报批手续的复杂，一直议而未决，搁置下来。

但舅舅的话，让他下定了决心：“我们马上着手解决。”

老人点点头：“我还有另一个心愿。”

“老人家您有什么都说出来。”高德荣恭敬地望着舅舅。

“我到过的地方，很少看到有我们家乡独龙江那么美的山水，可美丽却不富饶啊。新中国成立后，在党和政府的关心重视下，和全省少数民族地区一样，独龙江有了翻天覆地的变化，但和山外比，生活在那里的乡亲仍然贫穷落后啊。我们这些到县上州上工作、过上好日子的人，千万不能忘记他们。”老人说不下去了。

“舅舅，您说的我都知道，一直以来，我们独龙江都得到了来自党中央、国务院等各级党委政府的关怀，您看，现在很多帮扶工程不都开工了吗？相信总有一天，我们独龙族同胞一定能过上和山外人一样的幸福生活。您老人家放心好了！”高德荣满怀信心地说。

老人点点头，说：“但我们独龙族在大雪封山的独龙江生活了几百年，观念也好像被雪山封闭了，一朝一夕是无法改变的。人要知恩、知责、知足，要多想想党组织对个人的培养关怀，多想想个人成长背后众人付出的艰辛。所以我希望你将来退休后叶落归根，回独龙江定居，带领乡亲们把日子过好。这才对得起党和人民对我们独龙族同胞的关怀和厚爱。你多年受党的培养，你有这个能力。你是独龙族的儿子，你有这个责任！对了，你要拿出当年你从学校回乡的那种勇气来……”舅舅说着站起身来，端着茶等着他回答。

这个问题太严峻了，高德荣一时无法回答。独龙族人民在党的民族政策光辉照耀下，经济社会有了很大发展，但与内地发达地区乃至周边地区相比差距还十分巨大。谋求发展，早日过上好日子，是每一个独龙族人民梦寐以求的夙愿。这些，他怎么会不知道呢？

多年来，他也无数次产生过“回家”的想法。在贡山县任职，他并没有“离家离乡”的感觉，是“一个鸡笼子罩着的鸡”。在贡山县的其他乡镇，他脚底跑一次磨一层皮，跑独龙江磨穿脚趾骨——但他明白，舅舅不是那个意思。

他也知道舅舅话语后面那层意思：新中国成立以后，党和国家不断加大少数民族干部的培养选拔力度，从独龙江也走出去了不少领导干部。但他们与家乡的联系，只有“乡情”这根线维系，他们大多像一只只风筝，不会再回到放飞他们的地方。

舅舅要他答应的是：彻底回独龙江去。既不“坐县”，也不“坐州”，要坐稳了独龙江。

这将决定他下半辈子的归属。妻子会答应吗？平时好多事都是自己做主，这不需要征求一下她的意见？她可是在独龙江卫生所干了14年，好不容易才调到县医院的，她都把自己的青春完全献给独龙江了。况且还有两个孩子……

眼下舅舅竟把让他们回家定居当成心愿向他提出，他当然知道这对他们晚年的生活意味着什么。他不敢贸然回答。他诚恳地说："舅舅，让我跟秀英商量一下吧。"

妻子不知什么时候来到了他身后。这个细心的女人，今天看到舅舅有些反常，就没走远，站在门口听着他们说话。她给自己倒了一杯酒，凝视着自己的男人说："德荣，我们一切都听舅舅的。你别考虑了，我不也是喝独龙江水长大的人吗？再说今天的独龙江，条件比我们毕业回去那时好多了。这样吧，儿女那边的工作交给我做。他们会理解我们的。"

高德荣心头一热，多少年了，妻子从没有因他只会工作而忙不得顾家有过半句怨言。在县医院当医生的妻子，平日里工作也很忙，和高德荣一天也很难碰上一次面，常常她睡着了，他才回来，她起床时，他早已出门了。但就是这样，只要在家，妻子每天都坚持给他做宵夜。他家的厨房里有一个小土罐，每当他回到家，都能吃上土罐里热乎乎的牛奶煮鸡蛋。牛奶还是她专门从迪麻洛村订来的鲜奶，可见她对他的关心。女儿高迎春和儿子高黎明，几乎都是她一个人拉扯大的啊。

儿子从学校毕业后回贡山考公务员，由于成绩不理想，连续考了三年，第三次才考上。有人劝过他，现在的风气你不是不知道，只要你开一声口，还怕你儿子没有好工作？但他断然拒绝，说："不管风气好不好，正人要先正己！"回家后，他叮嘱儿子："好好用功，多看看书。"

姐弟俩常听和爸爸一起工作的同志夸爸爸清廉奉公，一身正气。一次，上级领导安排他出国考察，被他当面回绝："独龙江连省内其他贫困地区都比不了，去发达国家考察有什么意义？还不如直接把考察费发给我，让我拿回去奖给那些自力更生修路的村民小组……”

高黎明结婚前，要带未婚妻上昆明拍婚纱照，明知父亲的车也要去昆明，他仍然和未婚妻挤了一天的长途汽车去省城。他对未婚妻说：“我爸爸是到昆明办公事，不能违反他的原则，拍完照我们还是坐长途汽车回来。因为爸爸是领导，一辈子兢兢业业为大伙办事，我们更要严格自律，不给他丢脸、抹黑。”有人把这话传到高德荣耳里，儿子对自己的理解，让他倍感欣慰，他高兴地对妻子说：“孩子们长大了，懂事啦。”

两个儿女的婚事，他几乎没怎么操过心，这还不算，对他们的婚期，他连亲如兄弟的驾驶员都没透露，还不准儿女以父母名义请客，更不准大操大办。说起这事，人们都说，即使在贡山这样还不富裕的县城，他的两个儿女的婚事也办得太寒碜了。而高德荣身为父亲，在两个孩子的婚礼上竟然都不露面，实在有些不近情理。

两个孩子办婚事时，他究竟去了哪里呢？只有他的驾驶员知道。

女儿高迎春结婚时，一大早，他就带着几个从省上请来的专家到丙中洛进行旅游景区策划，大家走村串寨，风风火火一忙就是一天。等他赶回家时，客人都走了。

而儿子高黎明结婚那天，他到一个村，冒雨指导村民种草果。其间，妻子打电话来提醒他，但当他和村民一起动手把十几亩草果按规范种下赶往县城时，想不到，一段山路因大雨冲刷，导致塌方，等他和驾驶员从后备箱拿出锄铲动手把路疏通，赶回家里时，已近凌晨。他可是带了礼物赶回去的：一大束他打着手电筒亲手采的野花。当儿子和他的新娘从一身泥泞的父亲手中接过鲜艳夺目、芳香扑鼻的鲜花时，小两口喜出望外，因他缺席的失落感一扫而光，他们赶紧倒出酒，双手捧着敬他。一旁，妻子热泪盈眶。

当妻子毫无怨言地接受舅舅劝他们回家的请求时，高德荣内心更是充

独龙江乡政府所在地孔当

满了感激。他深情地凝视着妻子，不期然发现她仿佛昨天还光洁柔润的一张俏脸，似一夜之间布满了叶脉般的细纹，满头青丝也清淡了许多。它该隐含着、浓缩着多少风雨的重量，多少岁月的沧桑啊。而现在，她又默默地伸出肩膀。

有她的支持，他怎么还能说“不”呢？他举起酒杯：“舅舅，我们答应您，将来一定回家！”

老人一口干了杯中的茶水，老泪纵横：“这就好，这就好。这回我就放心了。”

临走时，老人说：“你们知道，我在孔当村有一小块地，今后你们去那里盖几间房子，有个落脚的地方。”

最后，老人又问起从贡山县城到孔当的人马驿道修建成简易公路的工程情况。高德荣高兴地告诉老人：公路进展顺利，保证明年10月建成通车。他激动地对老人说：“舅舅，到时您一定要去为通车仪式剪彩啊。”

让高德荣遗憾的是，次年的9月9日，公路建成，提前了近一个月，可老人却于5月11日溘然长逝，享年81岁。

按照舅舅的遗嘱，高德荣夫妇还接受了老人的四样遗产：一个铁三脚，一口铁锅，一个大铓锣，还有一头独龙牛。

可以告慰老人的是，他的第一个遗愿在几年后变成了现实：经高德荣和各级领导的共同努力，经省政府批准，2002年，独龙江乡政府驻地搬迁至孔当，基础设施项目包括新建政府办公楼、卫生院、小学等建筑工程，新建市政基础设施工程项目总投资7600万元。

为实现舅舅的第二个遗愿，高德荣在任贡山县长期间，就多方筹谋在独龙江孔当村建起了自己的家——进乡公路旁的那一排竹房，以便将来回去定居。

2

一般来说，给领导当司机，特别是给一把手当司机，是很多驾驶员都乐意的。可很多司机不愿意给高德荣当司机，第一，累！第二，没有任何“油水”。

当时，三四个驾驶员都不愿给高德荣当司机，这倒不是担心受高县长的气，而是大家都知道，当他的司机太苦了，为了工作，他是个不会休息的人，一年365天，300天几乎都在路上跑，在田间地头转。不分白天黑夜地跑，有时一个星期进三四次独龙江，哪里像县长的驾驶员，简直就是农用车司机！身体不好是一定扛不住的。没有双休，没有节假日。他以前的驾驶员都在私下叫苦不迭。

1985年，肖建生初中毕业，参加贡山招工考试，以优异成绩被招录在县林业局，后成为该局的驾驶员。2001年，时任县长的高德荣要从县林业局调一名驾驶员到政府办为他开车。肖建生被县林业局领导安排到政府办为高德荣开车。

1966年出生的肖建生是贡山县玉迪麻洛村人，藏族。他高大英俊，喜欢戴一顶毡帽，鼻子上架着眼镜，谈吐不凡，热情乐观。很多人说，也只有肖师傅这种身体素质和脾气性格，才能跟得上老县长的节奏。他的记忆力、口头表达能力俱佳，许多鲜为人知的关于高德荣的故事细节，唯他知晓。

肖师傅当时年轻气盛，想同样是血肉之躯，又比高德荣年轻，就答应下来。开了一个星期，肖建生就后悔了。高德荣简直就像用钢筋水泥浇铸的。他们经常跑六库、跑昆明，更多的是跑全县各乡镇，不到一个月，肖建生师傅对全县各乡镇的每个村的道路都熟悉了。

当时贡山正在申报高黎贡山自然保护区，工作千头万绪。总之，除了开常委会、县“三干会”等重要会议，高德荣很少在办公室。后来独龙江乡整乡推进工程开工，肖建生就更惨了。

只要能够两个轮子滑动的地方就开车，没有路，就走路，高德荣走起路来连小他十岁的肖建生都跟不上。他经常累得车一停下就把头扑在方向盘上睡着了，而高德荣，脚一沾地就忙开了。一连半个月回不了家是常有的事。路上，怕驾驶员瞌睡，高德荣常跟驾驶员讲话，有时候还讲笑话逗乐。

2006年，高德荣当上了怒江州人大常委会副主任后，肖建生打心眼里高兴，想着开“农用车”的日子总算熬到头了。却不想，高德荣硬是把他的“整乡推进办公室”搬到了独龙江，肖建生师傅也成了一名工作队员，开着车拉着他上山下地、走村串户，一些驾驶员还打趣：“你给厅级干部开车，把自己开成了一个老农民。”

在独龙江乡，一遇雨天，公路塌方、交通中断时有发生，独龙江乡的干部群众马上会想到老县长。他们知道只要老县长高德荣在，就马上会找人去抢通道路。通信没了、电停了，大家也会马上找老县长，因为他一定会管，而且一管到底。往往他一闻讯，必定蹙着眉头，心急火燎叫上驾驶员，第一时间赶到现场，要是有信号的时候，他手机不离手，电话一个接一个，要车、要人。他带着大家顶风冒雪抢险救灾，用肩扛，用手拉，硬是让路在眼前再度铺展开来。跟着他，肖建生常把登山鞋跑成了拖鞋。一座座刚架起的简易桥，老县长要肖建生驾车载着他先试车，桥安全了才让大家过。肖建生说，当时他也是胆战心惊，怕出什么意外，真要有个三长两短，怎么得了？于是他要高县长下去，可老县长认真地说，不会有事，说不下去，就是不下去。

独龙江的每条路，都一边是山崖，一边是峡谷，车轮子稍微偏几指，就是一车几命。在暴风雪中赶路行车，更是凶险万分，真是手握方向盘，脚踏鬼门关，屁股坐的是阎王殿，不知有多少次与死神擦肩而过。肖建生说，在暴风雪中修车，就更够呛了，手握保险杠时间太久，松手时，手掌肉皮撕裂是小事，冻僵了就无法驾驶，遇到这样的情况，老县长气喘吁吁地用雪团帮着他擦，有时候还把手拉到他胸前的大衣里紧紧捂着，直到他手上那层白蜡似的外壳沁出了冰凌状的水珠，变红变软，感到猫咬似的痛痒。

肖建生说："有一天，我跟他下乡，被他安排到一个村子给一个老人送药，他自己一个人到另一个村去调查草果灾情。他刚走了不久，天就突然下起大雪。我先是想去找他，给他做个伴，但不知他会去哪个村，只好提心吊胆地等着。晚上，挑灯时候，听到脚步声，我出门一看，是他回来了，可他怎么也爬不上搭在竹楼口的木梯了。我迎上去一看，他几乎成了一个冰人：浑身冰雪，只露出两只眼睛，帽子的四周都被冰雪封死了。有时跟他徒步到不通公路的村寨检查工作，回家时在大雪中迷路，就找一处安全的地方坐下，生不着火，只能合衣躺下，抱团取暖，一觉醒来，晴朗朗的天，天底下是光闪闪的雪峰和冰谷。一看，我们头上身上都落满雪花，眨巴几下眼睛，睫毛上的雪花就掉了。摇一摇身子，摆一摆头，抖落头上身上的积雪，继续赶路……"

老县长常常挂在嘴边的一句话："群众的生活一天比一天好起来，再苦再累，也是我最大的快乐。"

当地虽然通信不发达，但高德荣硬是用脚丈量过这里的每一个村寨。肖建生说他第一次开车送高德荣去捧当乡迪麻洛村委会，村民们看到老县长，纷纷围拢过来，他一边拿出烟递给群众，一边询问生产生活情况。这时，一个3岁多的小孩跑来，拉着他的衣衫喊："县长大爹，县长大爹。"这一声"县长大爹"让肖建生感到无比震惊，县长竟然连山沟沟里的3岁小孩都认识。还有，独龙江乡1000多户人家，老县长竟然都能叫出户主或者长辈的名字……

这个干起工作来雷厉风行的人，同时也是个人情味儿特别浓的人，与报刊、电视上宣传的那些"铁面无情""不食人间烟火"的"英雄"截然不同。在有些事情上，他心细如发，体贴入微。

2006年8月，肖师傅的妻子在医院生下他们的大女儿，他刚把她们母女从医院接回家的第二天一早，瓢泼大雨中，竟有人敲门。他拉开门一看，是高德荣，一手打着一把大黑伞，一手拎着两只肥母鸡，腋下夹着两条烟。他是第一个上门慰问的人！他哈哈大笑着说："我来给你们贺喜了。"后来，他还帮肖建生的女儿取了名字。而此前，肖建生从未跟他透露过一点妻子要分娩的风声。

有一年，在大雪封山之前，肖师傅准备找机会跟他说说家里的事，他妻子患有严重的心脏病，儿子又不大听话。一天，他刚想开口，高德荣倒先说了："我知道你妻子身体不好，儿子又正在成长的重要阶段。这样吧，今年大雪封山期间，你就留在县城，好好休养休养身体，等开山，有你苦的。"

他的眼泪唰地流了下来。他说："县长，你天天这样拼命，就受得了？"高德荣说："我们都是吃母亲的奶长大的，都是有血有肉的人，能不累吗？但我是领导干部，人民把这么一副重担交给我，是对我的信任，我不苦不累，行吗？等哪天贡山人民像丽江、玉溪、大理一样过上好日子，我要好好睡他个十天八天。到时候，手机交给你！只有你能敲门。"

"那还不一样？"肖建生直想笑。

"明年老县长就退休，我也不再跟他了。十多年来跟着他累得一身病，你别看我身材高大强壮，其实是外强中干。我的脚脚手手早就患有风湿病，天气一变，它比气象预报还准。我也要像老县长一样大把吃止痛片，但要背着他，他早就把我当成他的亲兄弟啦，我不想让他为我担心。有时我怨自己，我的轮子转得快，他才累得很；但他坐在车上，我的心最稳，为什么啊？有时想到真要离开他，我会难过得睡不着觉，我也说不准为什么……"肖师傅抽泣着，再也说不出话来。

3

祝玉华，男，景颇族，1960年10月生，1982年2月参加工作，1998年9月加入中国共产党，省委党校研究生学历，历任怒江州中级人民法院副处级审判员、民事审判庭庭长、调研室主任、党组副书记、副院长，2001年8月至2008年10月，任贡山县委书记（期间曾兼任过县人大常委会主任），现任丽江市中级人民法院院长。

祝玉华这个名字常常和高德荣的名字一起出现。不少人都说，高德荣就像电视剧《亮剑》中性格刚烈的李云龙，而祝玉华则像柔中有刚的赵刚。

祝玉华发际很高，气宇轩昂，说话逻辑严密。说到他对高德荣性格的看法，他淡然一笑，说：“才不是这么回事。老高是性格刚烈，其实我也是个个性鲜明的人。为此，在我和老高任命前，怒江州委还开了个常委会，担心我和老高‘一山占二虎’影响工作。”

不过，事实证明，他们俩绝对是工作上的好搭档，生活中的好伙伴。长祝玉华几岁的高德荣一直称祝玉华是“政治上的‘大哥’，生活中的‘兄弟’”。

说起两人的相识相交，可以追溯到十多年以前他们的“临危受命”。

2001年7月，国家林业局公布了重点督办并在近期告破的7起破坏森林资源重大、特大案件。其中一件就发生在贡山县。

林木大案的发生，使贡山县各方面工作陷入低谷，不少干部群众对贡山的发展忧心忡忡。

2001年8月高德荣任县长。

高德荣上任没几天，全省经济工作会议在玉溪召开。各县（市）长汇报工作，轮到高德荣时，他只汇报了贡山县今后的发展思路，而对上年全县的经济指标完成情况只字未提。主持会议的省领导提醒他，他说，我刚上任没几天，记性也不太好，一时还掌握不了有些情况。

此前也是县主要领导的他，竟然不知道贡山的家底，无论如何是说不过去的。有关领导私下批评了他。吃饭时，邻县一位县长对他说："我说高县长，你真会装，凡是与你接触过的人，哪个不说你的记性好？"高德荣不加理会，自顾闷头吃饭。

说起高德荣的记性，曾在贡山县和高德荣在一起工作仅10个月的傈僳族女干部、现任州商务局副局长的胡玉妞用"超凡"来形容。

时任县委办副主任的胡玉妞，在送高德荣审阅的材料时，在涉及数据、地名、人名、时间等方面没有少挨批评。她印象最深的是，一次在报送给他的一份材料当中，涉及贡山县边境线长度的数据，高德荣看了材料以后，说数据错了，并随口说出了准确的数字。接着他批评她：边境线是很严肃、很神圣的大事情，涉及国家领土主权，少一点不行，多一点也不行。一次，她随高德荣到普拉底敬老院看望慰问老人，他居然跟她一一介绍那些老人的姓名、年龄以及相关情况，令当时在场的随行人员和敬老院的工作人员非常佩服。

而在全省经济工作会议上，他之所以以记性不好为由，不提经济指标完成情况，是因为他有难言之隐，上一年贡山全县的生产总值只有300多万元，别说与昆明、玉溪地区那些发展势头强劲的县（市）比，甚至连人家一个乡镇、一个微小企业都不如，这让他怎么好意思说出口？

回来后，他把自己关在办公室里抽烟。祝玉华见情形不对，敲开了他的门。

"兄弟，我心里有苦说不出啊。"这是他向祝玉华抛出的第一句话。接着，他三言两语说了会上发生的事，再不出声。

祝玉华听完高德荣的话，也难过得不再说话。

“我绝不是为受到领导批评而委屈，我是为我们贡山这些年贻误了发展时机，让老百姓还在过穷日子而难过啊。”高德荣最终开口了，“一天，我到丙中洛调研。你知道，丙中洛啊，那是多么好的一个地方，被人称为‘人神共居之所’，但因为贫穷，我看到有的人家还和牛马猪鸡一起混居。我的心那个疼啊。我直截了当地对随行的干部说，人家外地人羡慕我们丙中洛是‘人神共居’，你看我们把它搞成了‘人畜共居’，我们是在丢共产党的脸，是在丢社会主义的脸。我对他们说，如果我们还不思进取，迎头赶上，乡亲们就会连盐巴都吃不上，就要死人的……”

祝玉华脸色严峻，重重地拍了拍高德荣并不厚实的肩膀，说：“老哥，我何尝不知道你的心思？贡山县是独龙族和怒族同胞的家乡。境内基督教、天主教、藏传佛教三教并存，使贡山成为多元民族文化与东西方宗教文化交汇的地方。特殊的法律地位和多民族多宗教的社会结构，决定了贡山县域经济成为全国民族经济不可或缺的重要单元。因此，贡山的发展问题不仅仅是地区性问题，而且关系到一个民族的稳定和发展。以前在六库工作时，我就听说贡山发展严重滞后，一到任我就天天下乡调研，眼见为实了，全县连5公里硬化过的公路都没有，基础设施薄弱，农民收入增速缓慢，人家外地连‘千万元户’都不稀罕了，这里的农民还在温饱线上徘徊……如果我们再不思进取，就是犯罪。你和我，我们要痛定思痛，背水一战，不负党和人民的厚望！”

高德荣连连点头：“兄弟，我知道，发展不相信眼泪。你刚才说的正是我心里想的。好，让我们说干就干，其余，全是废话！”

两双大手紧紧地握在了一起……

之后，贡山县级领导班子团结一心，制定了“抓好生态、打牢基础、培植产业、开辟财源、强县富民”发展战略，按照“生物经济强县、矿电经济富县、民族文化旅游活县”的发展目标，突出培育“水电、矿业、旅游、边贸”为主的特色产业群体，坚持以经济建设为中心，坚持深化改革、扩大开放，坚持“一手抓干部，一手抓项目”，大力开展退耕还林工作……

在这些繁重艰巨的工作中，两人以立党为公、执政为民的情怀忘我地工作，并在其中结下了深厚的同志感情和兄弟情谊。

高德荣的办公室在四楼，祝玉华的在五楼。祝玉华常被高德荣叫去商量工作。一次，祝玉华故作严肃地说：“不会当官你去看看别人，你到全国各地走走，哪有县委书记被县长叫来叫去的，这成何体统？”高德荣笑言：“谁叫我是你大哥？还有，我用这么好的独龙江茶招待你，你还有意见，也太不够兄弟了。”

一天清晨6点，祝玉华就被高德荣的电话吵醒了：“老弟，快来我家里，有要事相商。”

祝玉华急忙赶去。哪有什么要事，是高德荣惦记着他的肚子呢！高家的火塘上，一口铁锅里沸汤翻滚，肉香扑鼻，细瞅，煮着一只鸡。高德荣盛了一大碗鸡汤给他：“我想你昨晚肯定还空着肚子，陪人啊，只顾说话却没顾上吃饭。”一问，高德荣凌晨5点就起床来收拾鸡了。

祝玉华住流转房，而高德荣却有固定的住房。1990年，高德荣调到贡山县城工作，他们全家高兴地住进一套47平方米、没有卫生间的房子。屋里，家具陈设陈旧简陋，墙壁、天花板都已被冬天取暖的烟火熏得发黑，厨房太小，灶台只有搭到过道上，而且还要跑公共厕所。不过，墙上、柜子上的各种荣誉证书、参加会议的照片等，还是能让来客感受到窄小老屋的主人曾经走过的不平凡岁月。

这间房子还是独龙江乡来县城办事的农民或来读书的学生的驿站，最多时一间屋子挤住着20多人。家乡人从来都没有把他当县长看，而是把他当亲人看，把他的家当作自己的家。大家围坐在小方桌旁，喝着同一桶酥油茶，吃大锅饭，打地铺，有什么心里话，都不会对他藏着掖着。后来，县上建起了职工宿舍楼，按他家的实际情况，完全能住新房，但高德荣却说，县政府现在住房紧张，先让给其他同志。

祝玉华是高德荣家的常客。那时高德荣的妻子还在独龙江乡卫生院上班。他到高家，两个单身汉一起动手，洗菜做饭，有时晚上吃喝到深夜，祝玉华便留宿高家，睡沙发。

“贡山条件艰苦，人家从外面到贡山工作不容易，要关心外来干部，要讲团结。”高德荣时常这样对当地干部群众说。每当碰上节庆日，只要有外来干部回不了家过节，他都会陪着他们一起过。家里的肉都搬到政府食堂里，叮嘱炊事员一定要把饭菜做好：“给大家露一手。”

每年大雪封山，高德荣都无法回独龙江过年，在贡山工作的8年中，有7个春节，祝玉华都把妻子从泸水县叫来，和高德荣及在贡山工作的同志一起过大年，大家凑份子买鸡割肉，春节似乎一眨眼就过去了。

高德荣对祝玉华像亲兄弟一般，而祝玉华也把高德荣的父母当作了自己的亲人。每次到独龙江调研，不管工作有多忙，祝玉华都要赶去巴坡村委会孟顶村看望仍在那里生活的高德荣的父母。一次，他特意带了一件长大衣送给高德荣的老父亲巴吉。2003年，老人在生命的最后时刻，特意吩咐家人不能将大衣作为陪葬品。老人说：“要留给子孙，让他们记住祝书记对我们是真好。”

2008年9月，祝玉华调任丽江市中级人民法院院长，时任怒江州人大常委会副主任的高德荣，经常给祝玉华打电话问候。

丽江还有一个“贡山村”，“村民”大多是在贡山工作退休后的丽江籍干部。一有空，高德荣就会带着独龙江的土特产去看望他们，感谢他们当年为贡山做出的贡献。当时，县上开大会或有什么重要活动发纪念品，高德荣都要为他们准备一份送去。

贡山的干部群众有目共睹，祝玉华、高德荣在任期间，强强联合，使贡山县实现了跨越式的发展。

“十五”末的2005年，地方财政收入达1100多万元，比“九五”增长了40%多；完成了福贡马吉至贡山的柏油路建设，使全县柏油路总里程由原来的近5公里增长到81公里，除独龙江乡外，其他三乡一镇都修通了柏油路；并完成了丙察公路、独龙江乡村公路和丹珠至禾波的乡村公路；完成跨江吊桥5座；全县实现了村村通公路的目标。嘎拉博电站、迪麻洛河水电站、四季桶河水电站、孔目河水电站、双拉河水电站的开工建设，在实现“矿电经济强县”战略目标上迈出了坚实的一步。全县长途电话交换机总容量达4400多门，电话机拥有量达2700多部，移动电话总数达4200部，并且成功开通了独龙江的卫星移动电话，结束了我国唯一一个民族聚居区不通电话的历史……

全县累计完成全社会固定资产投资4000多万元，比“九五”增长了近28%。

水电、矿业、边贸、旅游等产业从无到有、从小到大，逐步在县内形成了一批以优势资源开发为主的特色产业群；独龙牛、草果等新兴产业初显规模，逐步向产业化、规模化方向发展……

祝玉华是这样评价高德荣的：高德荣是爱党、爱国、爱家乡、爱民族的一面旗帜；是少数民族干部当中勤政为民、努力工作的一面旗帜；是胸怀大局、具体做事的一面旗帜。而高德荣确实用许多令人信服的事例证明了祝玉华的观点。怒江州委书记童志云接受记者采访时说：“高德荣身上集中体现了党员领导干部的四个品质：忠诚、责任、为民和奉献。”

而祝玉华与高德荣，一个书记、一个县长的长期亲密合作，也堪称典范。这里，你无法说书记主导还是县长主导，也无法判明谁主责谁执行，一切“组织原则”意义上的规定在这里均被一种共同理念、共同信仰、共同目标、共同梦想融合为一体。

至今，在两人都离开原工作岗位后，仍保留着一种如独龙江水一样恒久而清澈的友爱情谊。

4

如果说高德荣深受领导干部的尊敬，是因为他对贡山经济社会发展做出了重大贡献，那么，高德荣真正深入人们内心，是因为他对人民群众无微不至的关怀。

2003年的冬天，白茫茫的大雪依旧挡住了去路，阻隔了独龙江通往外界的通道，就在这寒冷刺骨的冬天，乡里的卫生院忙个不停。一个婴儿即将诞生，这本是件让人欢喜的事情，却由于产妇难产而让大家焦急不安。乡卫生院有限的医疗经验和技术，让这一切都变得手足无措，该把产妇送往县城。

可无情的大雪又堵住了道路。就在这时，高德荣闻讯赶来了。他迅速和贡山县医院取得了联系，县医疗队立即准备赶来独龙江。雪山过不去，大家就下车徒步翻越。高德荣在卫生院里更是忙出忙进，一会儿和护士商量着如何照顾病人，一会儿又安抚着病人家属，一会儿又冲进风雪里调集人员、反复询问医疗队在路途上的安全情况，虽然没有半点催促，可焦急担忧的心情已经全挂在了脸上。时间一点点过去，白天也变成了黑夜，他一直和大家坚守着。终于熬到了凌晨3点，医疗队的身影出现了。不一会儿，孩子的呱呱哭叫声传来，他才露出了安心的笑容，打着长长的哈欠离开卫生院。

2004年12月，大雪封山在即，新招聘的16名教师和医务人员必须赶在封山之前进入独龙江。高德荣打电话给时任副县长、现任怒江州委宣传部常务副部长的稳宜金，说他要亲自护送他们进独龙江。

电话那头说："县长，你是大蜘蛛、大蜈蚣，也不过八只脚，最多八十只，这样头头顾，你不累死？"是的，那几天高德荣患了重感冒，一不小心，就是肺炎。在高海拔地区这是致命性的。稳宜金苦苦劝他留在县城值班，可是没等他说完，高德荣就挂了电话。

他们离开贡山县城不久，大雪纷纷扬扬飘落下来，很快覆盖了独龙江公路，咳嗽不止的高德荣坐在第一辆车上为车队开路。车队艰难地行进到独龙江公路48公里处，夜幕降临，不得不就地露营。他担心滚石或突发雪崩，不停地绕着车队走来走去，打着手电一遍又一遍地查看山崖和陡坡的松动情况，几乎一夜没睡。天一亮，车队就出发了，艰难地行进在雪地里。一路上，高德荣不知下车多少次：探路，搬动落石，清除路上厚厚的积雪。他的头发、眉毛、睫毛都结了冰。经过艰难跋涉，车队终于冒着大雪安全抵达独龙江。有人说，接送医生、教师，派个工作人员就行了，这也太小题大做了。高德荣终于开口了："医务人员和教师是独龙江的宝贝，要揣在怀里！独龙江的群众实在太需要他们了！只要他们踏进独龙江，我们要敬他们十丈！这是定规！"

后来，他冒着大雪接回来的这批医生和教师有的要求调出山外，因当时独龙江医护人员和教师仍然严重缺乏，管人事的干部就悄悄压着调动申请，一个也不批。

这事后来还是被高德荣知道了，他找到人事局，要他们为申请调动的人员开绿灯。人事干部不理解，说："县长啊，他们都是你冒着生命危险才接进独龙江的，他们想走你就真让他们走？"高德荣诚恳地说："我们不能因为独龙江的困难，就把人家一辈子拴住。在这里，一分贡献抵十分，算算吧！够了！做人要将心比心，他们有责任贡献，也有权利过更好的生活。"

调动手续办好后，他找了车，亲自把调动人员一起从独龙江送到贡山，并安排食堂准备了酒菜，为他们送行。大家喝着酒，一个个感动得流泪。有的当场表示要回独龙江，但被他劝住了。他说："独龙江的困难我们有办法解决，你们放心走吧。只是我们有个请求，有空的时候，请你们回家看看。至少，那里有你们的一团热气还在。"

一双双手叠在县长手上，不肯放开。

独龙族女孩阿丽英家庭贫困，高德荣一直资助她读书，两年前她以优异的成绩考取了贡山中学，现在已经是初三的学生了。满智云老师高兴地说，现在他们学校有376个中小学学生，适龄儿童入学率达100%。

从2005年2月13日开始，持续暴雪导致贡山全县的电力、交通、通信全部中断，大量民房和农作物、牲畜受灾，直接经济损失为7132万元。高德荣和县里其他领导紧急召开抢险救灾工作会议，及时部署抗灾抢险任务。多年的抗灾救灾经验告诉他，大雪一停，随之而来的很可能就是雪崩和泥石流，如不提前预见和及时处置，将造成更大的人员伤亡和经济损失。危急时刻，高德荣亲自担任任务最为艰巨的道路抢修组组长，夜以继日奔波在灾区。

2月13日，听说丙中洛有游客80多人被困，他当机立断调动全县所有机械和车辆，亲自带队组织有关部门前往营救游客。路上随时随地都会出现雪崩，但灾情已让高德荣忘记了危险，一到现场，他就第一个冲上去指挥救灾。下午4点多他们就从贡山县城出发了，路上不时碰到雪崩，一路走走停停，40多公里的路走了8个多小时，到丙中洛已是凌晨1点。当时没有电，还很冷，但高德荣仍不顾一切地投入到救灾工作中。

第二天中午，他们一行赶到了捧当乡后，高德荣立即让人煮生姜红糖水给游客喝。当一碗碗热乎乎的糖水端到游客面前时，每一个人都被感动了。当晚，高德荣让人组织当地文艺队跟游客一起联欢，让游客在欢乐的气氛中渐渐忘记了之前所受的惊吓。他还在大雪中帮游客推车。有游客说：怎么能让一个老人帮我们推车呢？当现场的人员向游客介绍这是贡山县的县长时，坐在车上的一个十一二岁的小姑娘说："贡山县长真好！长大以后我也要当贡山县长！"

大半个月，他跑遍了怒江沿岸的二十几个村委会。每到一处，他都挨家挨户了解灾情、慰问受灾群众，带领干部群众深入第一线抢险救灾。

2月18日，高德荣带着工作组视察独龙江公路沿线各村的灾情。来到吉束村时，公路被雪崩阻断。当得知公路短时无法修通后，为了及时了解更远处村组群众的受灾情况，他对大家说："今天我们走也要走到双拉娃村。"

厚厚的积雪加上连日的阴雨，道路又湿又滑，冰冷的雪水不断渗入鞋里。3个多小时后，他们终于到达了双拉娃村。他听说，村民们面对突如其来的灾祸，茫然不知所措，有的人去求神，有的人不顾零下几十摄氏度的低温，把全家的衣被都盖在牲畜身上。一到村口，就看见100多个村民站在路边等待着他们的到来，很多人都哭了出来。

他哑着嗓子交代的第一件事就是："首先保人，后保牲畜，一定不能发生冻死饿死人的事情。"随后，就立刻带领乡干部投入抗灾工作中，饿了，就着雪团啃玉米饼。

回到县上，他马上落实了抗灾的大米、油盐、茶叶、衣物和药品，启运上山，使灾区的人民生活有了保障。

回忆起当时的情景，老同事们都说，群众都信任高县长，一看到他，心里就踏实了。

全县各族干部职工都投入到抢险救灾一线。抢险救灾过程中，他时时关心他们，亲手做"吓啦"给他们吃了驱寒，并叮嘱道：天气寒冷，大家要穿厚点，多穿些衣服，保暖身体，才不会生冻疮，才能有更多的力量保证道路的畅通。他亲切的话语，让抢险救灾人员的心倍感温暖，纷纷表示："不高标准完成任务，我们绝不撤离，请您放心。"

5

没有任何一种自然灾害统计系统和标准，能涵括独龙江的特殊地理气候造成的灾害：一年之中，五六个月的大雪封山，接踵而来的是滑坡泥石流灾害，其规模覆盖整个流域区——如果按30年计，就有15年的灾害期，这是怎样一种生态？怎样一种生存环境？

有人评价：高德荣是舔着冰刀过日子！

是的，在贡山工作，高德荣有自己的特殊角度。他不仅仅是一个走家串户、嘘寒问暖的人，还是一个有极强克难能力、攻坚勇气、超强耐受力的领导干部。

恶劣的自然条件，频繁的自然灾害常使许多人心灰意冷，有些外地干部希望早日外调，本地干部对贡山的前途失去了希望，他却一边抗灾，一边提出了贡山发展的四大有利因素：一是有利的外部环境。国际和平发展环境和周边稳定环境，全国、全省、全州蒸蒸日上的经济社会发展态势，对贡山县经济社会发展将产生强大的带动和辐射作用，而且，国家富强了，贡山将得到国家更多倾斜性的投资。二是有较好的发展基础。通过“十五”的努力，贡山发展形势发生了重大变化，经济结构战略性调整取得实效，基础设施明显改善，经济实力显著增强，人民生活及居住环境逐步改善，科技、教育、文化、卫生、体育等各项社会事业全面进步，积聚了发展所必须的能量。三是向上的内在动力。“迎难而上，负重争先”是贡山人的精神状态，是实现各项宏伟目标、夺取胜利的精神财富和强大内在动力。四是拥有资源优势。贡山县人口少、资源多、环境好，幅员辽阔，拥有生物、矿产、水能、旅游和文化五大自然资源，森林覆盖率高，生态环境良好，具有吸引相关要素资源的开发优势和可持续发展基础，这是贡山拥有的比较优势、后发优势。为什么不往远景看呢？“不能徒有高海拔，没有大眼光！”

他逢会就讲、见人就讲，一直讲得人人脸上都露出了笑容，重新看到了贡山的希望。

而他宽广的视野和超前的远见，更让当地干部群众敬佩：在任贡山县长期间，他提出了一般人连想都不敢想的贡山跨越发展的两大目标：一是把独龙江发展问题提升到国家和省级层面，实际上，这就是正在实施的“独龙江整乡推进、独龙族整族帮扶”的最初构想。二是提出构建贡山“东进西出、南下北上，打破口袋底”的交通建设目标。

他的那些构想如今已一件件变为现实。贡山发生的翻天覆地的变化，高德荣功不可没。为了实现上述目标，他三进西藏，多次到迪庆进行磋商，多次到国家发改委、交通部等部门反映汇报，多次以人大代表的身份提出建议。如果没有他的极力主张、极力呼吁、极力争取，可以说，贡山的很多建设项目难以落地。他甚至还极力主张在贡山建一个民用机场，带动交通运输业的发展，让更多的人走进这片神奇的土地。他的想法，让人惊叹。

高德荣特别重视贡山的集市贸易，培养当地群众的经商观念。2002年的一天，听说离县城12公里的傈僳族、怒族聚居区——捧当乡马西当村赶起了集市，他高兴万分，立即叫上驾驶员开车赶去。到了那里，已经傍晚，好多农民背来的洋芋、山药、竹笋等山货还无人问津，卖主都一副愁眉苦脸的样子。他叫上驾驶员，问了价，一一把他们的东西照单全收。

从此以后，每逢赶集的日子，他就叫上驾驶员开车到那里。群众不会打理自己的产品，总是连土带泥、蓬头垢面就人背马驮到集市，他动手教他们清洗、扎把、分类。傍晚，只要集市上农民有卖不完的东西，他就全部买下，分给邻居。东西白送人不说，他还在一旁做宣传：“你们放心吃好了，我保证都是生态产品。”同时，他还发动县政府机关大院的干部职工抽空到那里买东西。

一天，他又去“采买”，看到县上一位部门领导干部正跟一位卖菜的农民大声讨价还价，双方争得脸红脖子粗。他大步上前，指着那位干部批评说：“你是拿国家工资的人，还这样跟农民讲价钱？他们从山上、从地里拿这点东西多不容易。难道你的良心被狗吃了？”那位干部被他训得面红耳赤，赶紧照卖主开出的价钱称了东西走人。

对此，有人议论说高德荣对那位干部的批评太过火了，那人以后不到那里买东西不说，说不定还会记恨他。但他们的担心是多余的。这天下午，高德荣和司机又到市场，看到那位干部正帮一位农户洗萝卜，一头一脸的泥巴。高德荣上前，二话不说，拉起那位干部来到街头一个米线摊，边吃边聊至集市散了两人才各自回家。

那位干部说：“老县长，我服你！你拿情动人，再重再狠，也是暖和的。”

慢慢地，马西当村的集市热闹起来了。

现任贡山县文联主席施华，同样领受过这种“待遇”。他曾在一所中学任教，享受副高级职称，而且他还是独龙族少有的画家。贡山县决定举办江泽民同志为独龙江题词5周年暨独龙江公路通车5周年系列庆祝活动时，他被县长高德荣抽调到筹备组担任宣传活动副总指挥。他每天忙得披星戴月，妻子因为他连续多天不回家，威胁要跟他离婚。可心急如焚的高德荣对他的工作还是不满意，两次当众把施华训得像个孩子般哭天抹泪。

庆祝活动大获成功后的一天晚上，高德荣到他家来了，施华板着脸不理他，但被高德荣生拉活扯到他家屋子下的贡山夜市烧烤摊，两人放声唱起了独龙民歌，引得人们里三层外三层挤到他们身边，一起高歌狂欢到天大亮。

在施华家的楼房顶层，有一个大画室，或摆放或悬挂着大批出自他手的以独龙江、独龙族为主题的山水画、人物肖像画，一幅幅浓墨重彩、虎虎生风。说起高德荣，他常对人说：“老县长是我们独龙人的骄傲，没有他，我们贡山尤其是独龙江，至少要比现在落后10年。”本来他不想到文联工作，但高德荣一再劝他，说在文联更能施展他的艺术才华，他才放弃学校的高工资而到文联这一“清水衙门”就职。应他的要求，高德荣两次答应让他画一幅肖像画，但他都没画成功。因为画着画着，高德荣就睡着了，使他的画都成了半成品。他一点也不怪他，他知道，高德荣每天风里雨里东奔西走，太累了。

睡梦里的高德荣，比画美，画家只得歇手了。

福贡县城北上至利沙底乡地界，在高黎贡山顶峰中间。有一个通透的大圆孔，由两侧数百米危崖拱抬着，犹如一轮明月高悬。这里就是怒江大峡谷中有名的景观——石月亮。其海拔3360米，圆孔有100米见方，系大理岩溶蚀地貌的特殊类型。

石月亮四周是悬崖峭壁，深不可测，前面有三棵年代非常久远的枯树，云雾升腾，缥缥缈缈，使石月亮忽圆忽缺，凛冽的江风吹来，令人眩晕。

公路一旁，有一排经营各种民族工艺品的店铺。老板名叫张新春，是湖南人，曾在海军某部一兵工厂服役，搞工艺设计。今年52岁的张新春面容清俊，长发齐腰。当有人夸赞他的生意红火时，他就会操着有浓重湘音的普通话，说起他与高德荣交往的事：“我能发展到今天，多亏有高县长。”

2002年，张新春受贡山一家公司的邀请，从北京到这里来策划一个旅游开发项目，旅游策划的事因种种原因流产了，这期间，他却结识了福贡石月亮艺术团的傈僳族姑娘阿娜。阿娜的单纯和美丽深深打动了他的心，慢慢双方好上了。他跟阿娜一起来到她的家——福贡县着落底村民小组，当即被这里的山光水色迷住了。见过大世面的他，敏锐地看到这里隐藏着商机。他产生了一辈子生活在这里的热望。他跟阿娜结婚后，小两口只有不到5000元，购置了一些家用外，手头就只剩2000多元了。一天，张新春到昆明等地购置了一大袋民族工艺品，还有一架当地人只在影视上看过的天文望远镜。在公路旁一段以前过往司机和乘客休息的江边，当他支起闪闪发光的望远镜，在一块塑料布上摆满了琳琅满目的民族工艺品时，村民都来瞧热闹。

当天，他们就纯赚45元，第二天，68元。自此，他们每天早出晚归，风雨无阻，收入一天比一天多。他们用赚到的钱，草草搭了一个竹棚子，告别了露天摆摊的日子。

但他们高兴得太早了。这年的一天，一群当地人找上门来，说他一个汉人，懂什么民族文化，只是想靠少数民族的东西发财，弄得怒江沿岸的一些人都不安心劳动了，丢下地里的活计和牛马，整天走村串寨收什么老钱古币，连老祖宗留下的弩箭都被卖了。这还了得？他们还扬言过几天要来把他的望远镜和货物扔下江。

这天，走过来一个穿着平常、身材不高的中年男人，他用望远镜看了石月亮半天，又从他的货摊上挑选了一大堆东西，连价钱都不讲就付了款。临走时，这人还说："怎么我们贡山就没有你这样的聪明人？"

两口子惊呆了，在这里摆了好几年摊，他们都没碰上像这样出手大方的顾客，而且也从来没人夸过他们聪明啊。

这时，有村人走上来，问他们："你们知道他是谁吗？"

两口子直摇头。

"他叫高德荣，是贡山县的县长，还是全国人大代表！常到北京开会，见过总书记。"

两口子泪如雨下，久久地望着向州府方向远去的车。

更让他们喜出望外的是，贡山县县长成了他们的常客，每回出入福贡，都要在他们的小铺子里逗留一会儿，一来就说，小张，老哥来看你了。有时买些工艺品，就是什么也不买，也要来跟他们夫妇说说话。当他们与他处得无话不说时，一天，他们壮着胆子说起有人不准他们在这里摆摊的事。

高德荣听了勃然大怒："是谁这样鼠目寸光，小肚鸡肠？以后哪个敢这样，你就告诉他，有什么事，让他来找我高德荣！小伙子，你千万不要半途而废。我们怒江要依靠旅游业促发展，现在最缺的就是你们这样的人才。老弟，如果你的店面在这里实在开不下去，就到我们贡山开好了，我们举双手欢迎！"

这天，从六库开会回来的高德荣正和张新春在铺子里喝茶，突然走进十几个手提棍棒的男人，他们穿得破破烂烂，有的还光着上身。领头的大呼小叫着要老板出来，说他不听打招呼，还敢赖在这里摆摊，让他出来亲眼看看他们的厉害。正在门口守摊的阿娜吓得哭叫着跑进来，张新春看到这样的阵势，一时面如土色，呆若木鸡地站在高德荣背后。

高德荣轻轻放下茶碗站起来，大步向那些人走去。他大喝一声："光天化日之下，你们敢到这里抢人，真是目无法纪！"

有人用手指着他的鼻子，说跟他没有关系，要他走开。高德荣说："你们给我赶紧滚，要不我就报警了！"说着掏出手机。这时有人认出了他，一起往后退。高德荣大喊："站住！"他痛心疾首地对他们说："人家在这里做正当生意，你们不学人家动动脑筋，却到这里无事生非。去怒江边对着水照照你们这副样子！本地人的脸都被你们丢光了。"

来人灰溜溜地走了。

此后，再没有人来威胁他们说要踢他们的摊了。

张新春放开手脚，拼命地干，增加货源，扩大规模，并开设了石月亮文化山庄。当有人夸赞他生财有道时，他回答道："我们不光是为自己，我们也要为怒江的发展做贡献！要不对不起高县长。"

现在，石月亮文化山庄已经积累了三四百万元的资产，阿娜也成了一个让人羡慕的老板娘。他们还有了爱情的结晶——一个小女孩，已经8岁，上小学二年级。他们给她取名叫“张裕娜”。

高德荣在那里买的民族工艺品，被他带到北京、昆明，和独龙江的茶叶、干竹笋等土特产一起作为礼品送人。

6

2013年秋天的一天下午，县政府招待所餐厅里，五六张大圆桌旁，坐满了穿绿军装的人和记者，还有独龙江乡党政领导等。

主桌前，高德荣端起酒杯，起头唱起了军旅歌曲《爱国奉献歌》。

这时在场的军民都会心一笑。因为，这里面有着一个在当地广为传颂的故事。

2002年，高德荣当选十届全国人大代表后，他总是想方设法多与来自全国四面八方的代表接触，以期让他们关注怒江州的发展。源于他的真诚，也源于代表们对兄弟民族的深情，许多代表跟他结下了深厚的情谊。同为十届全国人大代表的成都军区副司令员范晓光，就是其中的一位。

四川与云南山水毗连，作为军区首长，范晓光将军经常深入军分区的基层调研，对云南的情况了如指掌，因而，几次“两会”期间，他都欣然在高德荣等代表提交大会的关于致力怒江扶贫帮困工程的议案上，庄重地签下了自己的名字。

有一年，百忙之中的范晓光将军，应高德荣盛情邀请，从四川飞到昆明。

那天，高德荣到机场迎接他。在昆明分外耀眼的阳光下，高德荣钻进一辆破旧不堪的越野车，带他驱车直奔独龙江乡。后来，他发现，这辆破旧的越野车，是高德荣出入独龙江乡的“专车”。

此前，贡山县接回两辆新车，计划把书记和县长两人的车换下，他们的车都太破旧了。高德荣的司机肖建生大喜过望，他开的车，虽然购买回来的时间不长，但长年不分白天黑夜超强度地使用，别说进独龙江，就是到六库或昆明开个会，也是大故障连着小故障。但他高兴得太早了。看到新车停在县政府大院，他去办公室要钥匙，办公室主任告诉他，按高县长的安排，接回的新车已经交给稳宜金副县长使用了。

他当即去找县长问个究竟，哪知高德荣不当一回事地说："人家稳副的事情多，新车当然应该分配给他使用。"肖师傅白高兴了一场。

范晓光将军到的那天，天气晴好，车子进入独龙江公路不远，就不时能看到路面上有落石和枯朽的大树杆。在前面带路的高德荣下车把落石和大树杆推下悬崖绝壁，这样走走停停，二三十公里路，用去了两个多小时。但进入40公里处时，车子一动不动了。范晓光将军先是以为高德荣那辆破车抛锚了，下车上前一看，前面上百米公路，都被泥石阻塞。一问，因前几天连续下雨，几个小时前这里发生了山体滑坡，需要两三天才能清通。

此前，高德荣曾多次向他描述过独龙江和这条"天路"，但真正面对这条"天路"时，走过千山万水的范晓光将军，还是感到出乎意料。他不由叹了口气。一看，刚才还站在身旁的高德荣不见了。

高德荣的驾驶员见惯不惊地说："老县长抄近路去指挥抢险去了。"

近路？范晓光将军环视四周，山势险峻，林子密得连山鸡也难插脚。他的眼眶发热了：这就是他的老朋友长年工作生活的环境，怪不得每年"两会"期间，他会那样不要命地四处奔走呼吁。

汽车一熄火，司机便弯腰检查车辆，一副心疼不已的样子，就像他开的是一辆刚刚出厂的红旗牌轿车。司机告诉他，从贡山县城到独龙江乡，完整的公路里程是96.2公里。在上海，恰好是在高速公路开1小时左右到嘉兴的距离；在独龙江，一整天也不一定能走完。在这条路上，塌方、堵路是家常便饭，三天两头都会遇到。塌方了，不知道什么时候才能抢通，有时候开到目的地都已经是夜晚了。碰到严重的大塌方，就只能掉头开回贡山。

半个小时后，高德荣一身泥汗、气喘吁吁地回来了。

高德荣抱歉地说：“首长，您看，都快到家门口了，我跟您夸耀过，独龙江有的是美酒和生态食品。独龙江太不给我面子了。要不我们在贡山县等两天？”

范晓光将军一言不发，上前紧紧地抱住他。

半个月后，怒江州收到一笔用于修建独龙江公路的专款。

听到这一消息，高德荣背着人流泪了：中国共产党从建立自己的军队那天起，就始终坚持“人民的军队爱人民”的宗旨啊。

来而不往非礼也。他自己出钱购置了独龙江的竹笋、木耳、茶叶、蜂蜜等山珍，到成都军区去答谢自己的老友。

范晓光将军虽然很忙，但对高德荣的造访表示热烈欢迎。可在饭前，他约法三章：“老哥，我还有事，我们不喝酒。”

主客一行人在军区食堂落座后，范晓光将军举起了茶杯。

“不忙，不忙。”高德荣笑着阻止了老朋友，他环视了一下众人，征询地问范晓光将军：“首长，让我们大家一起唱一首军歌再喝好不好？”范晓光将军微笑着点头。

“我来起头！”高德荣清清嗓子，拉开了架势。

大家站了起来。

“好，我们唱一首《爱国奉献歌》。‘头顶边关月’，预备起！”

没有人出声，大家面露羞涩。高德荣自顾唱下去，唱得激情满怀。唱完了，范晓光将军带头鼓掌。

高德荣深情地对大家说：“不瞒大家说，我是光着屁股听着独龙江边防战士唱的军歌长大的。我学会唱的第一首歌，不是我们独龙族的小调，而

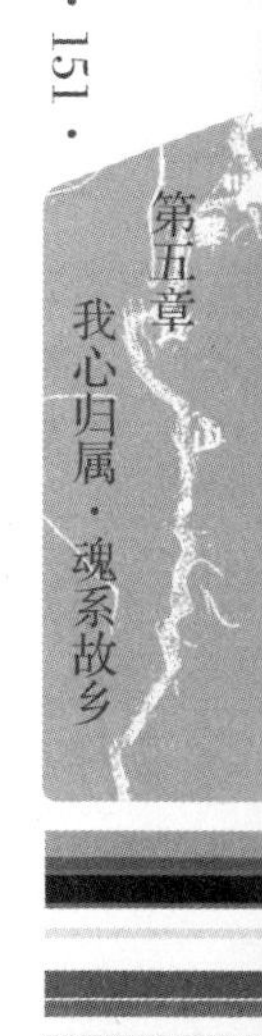

是军歌。”

范晓光将军说：“老哥，你对我们部队的感情真是太深了，今天你为我们上了一课。”接着他吩咐随员：“明天通知宣传部的同志，教大家唱这首《爱国奉献歌》！来，举杯！”

大家引吭高歌，雄壮的歌声直冲云霄：

头顶边关月
情系天下安
当兵走四方
时刻听召唤
爱心献给那千万家
真情捧在百姓前
捧在百姓前
捧在百姓前
来来来来来来来
……

7

独龙江边防派出所教导员张维、副教导员周立新说，老县长是独龙江拥军优属的带头人。

“扎根独龙江，一心为人民，独龙江边防派出所官兵是独龙族的‘守护神’，是我们独龙族群众的‘贴心人’。”这是高德荣经常给上级领导和独龙族群众讲的一句话。

有一年，两名战士去巡视界碑，他们出发时，独龙江难得的天高云淡，但傍晚，一场暴风雨突然降临，随即失去了与他们的联系。刚从贡山回来的高德荣听到消息后，连水都没喝一口，立即和部队官兵、村民一起分头搜索救援，出发前，他一再嘱咐大家一定要带上防身的武器和足够的干粮。次日一早，人们陆续回到乡上，没有找到两个战士不说，连高德荣也不见了，大家慌了，赶紧又分头寻找，到晚上还是不见他们的踪影。第三天凌晨，心急如焚的官兵看见高德荣和两位战士奇迹般地回来了，他们竟然还有说有笑。两位战士说，暴风雪下了不到一个小时，在密林中，他们就完全迷路了，在四处寻路中，遭遇到一群穷凶极恶的猴子，他们把身上带的干粮抛给它们，猴子才放弃对他们的进攻。雪越下越大，人连呼吸都感到困难。最后，两人在一棵大树背后坐下。又累又饿又冻的他们不知不觉睡了过去。他们是在脚手的剧烈疼痛中醒过来的，高德荣正用雪为他们擦身子、擦手脚，他们身旁，一堆火欢快地燃烧着，北风卷着雪片纷飞。“暴风雪里不能睡，差一点点啊！”——如果不是高德荣在极其危险的时刻出现，后果不堪设想！见他们没有危险了，高德荣自己带着弓箭就钻进了密林，不一会儿，他就拎着一只肥胖的野兔回来了。很快，他们吃上了烤兔肉，还有苦荞粑粑，而且竟然喝上了独龙酒。那是高德荣用军用水壶带去的。大家轮流着喝，一口肉一口酒，很快浑身发热……

后来，部队官兵说要摆酒感谢他，被他谢绝了。他轻描淡写地说：“我一生下来就在这块土地上，每一条路、每一棵树都熟悉我，就像我熟悉它们。酒嘛，当然要喝，等过春节，你们到我家来，我摆一大桌，我们喝他个不醉不休！”还有人提议要向上级反映，为高德荣报功，也被他坚辞了。他说：“我们都是一家人，一家人为一家人做事，有什么功可报？我也有责任，建议给新战士开门课——高山极寒地带生存技术。”

独龙江乡孔当村青年普光荣，18岁时应征入伍，到内蒙古当了一名空军雷达兵。他刚接到入伍通知那天，高德荣就赶到他家祝贺。高德荣说，部队是一所大学，你要安心服役，学一身本领。家里有什么事，我们会帮你解决的。他认为高德荣是县长，事情太多，根本忙不过来照顾他家。他父亲去世得早，这次他应征入伍，家中少了主心骨，只留下体弱多病的母亲和年近百岁的奶奶，这让他怎么能放心呢。

一个多月后的一天，他收到了母亲托人写的一封信，信中母亲说："家里一切都很好，在你走后不到一个星期，高县长就带人来了两次，给我们带了很多用的和吃的东西，还给了600块钱。你不要担心我们，要在部队里好好地干，不能对不起高县长。"看完妈妈的来信后，他的眼睛湿润了，脑海里浮现出高德荣到他家慰问的画面。他暗下决心，一定要在部队好好干，干出样子来。

普光荣在部队服役了8年。这8年中，高德荣先后到他家里看望了100多次。有一天，部队的团政委专门到连队来看望他。原来，高德荣给他们的政委寄来了一封信，信中说对他要严格要求，还说他家里面如果有什么困难，当地党委政府和父老乡亲会全力帮助解决，让他不要分心，听部队首长的话。他每一次回家探亲，高德荣就像对待亲生儿子一样迎接他。

他退伍回家那天，高德荣一手提着独龙酒，一手抱着大公鸡，到他家为他接风洗尘。晚上，在火塘边，普光荣眼含热泪，连敬了高德荣三碗酒。高德荣拍着他的肩头说："你在部队锻炼了8年，学到了很多本领，已经成为一个真正的男子汉了，你要为家乡的建设多出力。"他紧紧握住高德荣的手，声音哽咽地说："老县长，没有您对我家的关心帮助，我哪有今天啊，我一定为家乡的发展努力！"

高德荣说："有这个想法就好。当前独龙江最重要的任务就是发展产业，你要带着大家种草果、养中蜂，干好这两件事，以后我们独龙人就有自己的'绿色银行'了。"

收获的草果

种草果、养中蜂普光荣是门外汉。看出了他的担忧，高德荣拍着他的肩膀说："没关系，我教你，你再教大家。"通过他的言传身教，他们村种草果、养中蜂的人家多起来了。

由于工作出色，普光荣回乡不久就被乡亲们选为村委会主任。

2001年8月，年仅20岁的北京籍战士于建辉在抢修独龙江乡通往贡山的公路时，不幸跌落悬崖牺牲。高德荣带领100多名独龙族群众，沿着独龙江日夜寻找，最终还是没能找到于建辉的遗体，这也成了他心中的痛结。他经常教育独龙族群众要常怀感恩之心："咱们独龙族绝不能忘记人民子弟兵的恩情！"

巴坡烈士陵园，是高德荣每年清明节必去的地方。每次去，他都带着独龙江乡学校的师生、干部群众，向烈士献花、扫墓、拔草，开展爱国主义教育。

高德荣虽然对边防官兵们爱护有加，但在工作上却从不护短："干得好就是干得好，干得不好就得批评。"对此，曾在独龙江边防派出所工作过的吕玉良有深刻的感受，他回忆：派出所因为不吹早号，曾被高德荣批评过两次。

第一次，高德荣严厉地说："为什么不吹早号？你们是独龙族的守护者，要让百姓们每天听到你们的军号声，感觉你们天天与他们在一起，这样老百姓心里就踏实了。另外，吹早号也可以叫醒老百姓与你们一样早起干活。"

为此，官兵每天早上7点多就到村民小组吹起床号，逐渐改变了独龙族群众八九点钟后才起床的习惯。几个月后，这个习惯没有坚持下来，他又批评："好事情为什么不坚持？群众早起床搞生产，把房间里外打扫得干干净净，这样很好啊！"自那以后，独龙江边防派出所成为全国唯一一个吹军号的派出所。

“数十载栉风沐雨，岁月峥嵘；数十载呕心沥血，寒来暑往，一茬又一茬的边防官兵无私奉献，扎根边疆，写下了‘扎根独龙江，一心为人民’的铮铮誓言，让警徽在深山峡谷熠熠生辉。他们与雪山为伴，驻守寂寞，留下感动。”这是高德荣对独龙江边防派出所的评价。

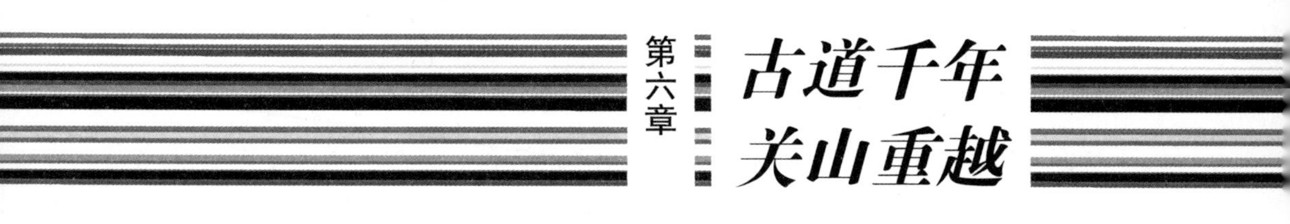

第六章 古道千年 关山重越

说到独龙族有史以来的这条独龙江公路，高德荣双眼含着泪光，充满深情地说："大家都说，通向西藏的铁路是天路，歌也这么唱，依我看，我们的独龙江公路，不也是一条天路么？"

是啊，独龙江公路，通天之路，在独龙族人民的心里，也是通向天堂的幸福之路、发展之路、前进之路！独龙江公路，路从天上来，从云雾茫茫的高黎贡山通向独龙江，从祖国首都北京城通向独龙江，它像彩虹一样美丽，把独龙族人民世代盼望的彩虹之路，变成了现实。同时，为修筑独龙江公路，各族人民的筑路工人，克服了难于上青天的千难万险，用他们的汗水、鲜血，甚至生命修成了独龙江"天路"。

独龙江公路，也是一条用生命筑成的"天路"！

有了这条"天路"，结束了中国56个民族中，最后一个少数民族——独龙族人民的聚居地独龙江流域不通公路的历史。

独龙江公路的建成通车，既是一段历史的结束，也是一个历史的跨越，是独龙族第二次大解放。

高德荣第一次看见公路，坐上汽车，是他从独龙江小学的附属初中班毕业，考上怒江州民族师范学校后。第一次坐上汽车，在怒江峡谷的公路上前进，感觉就像长上了翅膀，飞一样的轻快。在独龙江走飞桥，过飞溜（索），虽然也是在"飞"，但那"飞"得紧张，"飞"得危险。

在怒江、独龙江地区，横江而过，有上百座这样的"溜索"，你可以看到一种独特于世的特殊情景：孩子上学，除了他们的书包，还要随身带上重达两三公斤的溜具，这是一个"？"形的铁挂钩，下端有一个套绳，用于挂住双手。他们从江那边到江这边上学，就将铁钩挂在溜索一头，双手勒紧绳套，"哧溜"一下溜到江中心，后半段溜索因坠物的重力作用，呈"∪"

形，全靠臂力牵引。如果臂力不济或溜索断裂，身下汹涌的江水会在瞬间将一条勇敢而年轻的生命一卷而去。

世界上没有一种求学之路如此惊险！

当我们在媒体上热议接送孩子上学的校车安全问题时，谁能想到怒江、独龙江的孩子竟以这样命悬一线的工具渡江上学！

坐车上学的梦想有多遥远？

如果有公路，坐在汽车上“飞”，不仅“飞”得快，而且“飞”得轻松，“飞”得愉快。那时怒江峡谷的公路，虽然还只是沙石路面，狭窄、高低不平，比现在的独龙江公路好不了多少，但在独龙人看来那算是最宽敞、最平坦也最舒适的路了。因为从“路在脚上”到“路抬着脚”，就像走上了通往天堂的希望之路。

1

20世纪60年代以前，从贡山进入独龙江，翻越挡在面前海拔5000米以上的高黎贡山，只有独龙猎人、赶马人、采药人用脚探出的一条还没有连在一起的“路”。

这些“路”横在峭壁上，人只能爬过。遇上悬崖，就用一棵原始老林的树干，砍出一些深浅不一的印坎，搭在山崖上，称之为“天梯”，人爬上去，一不小心，“天梯”翻了，坠入深谷，也就粉身碎骨了。在有的悬崖上，是从上边的大树上拴一条垂下来用藤子编成的软梯，人爬在软梯上，就像荡秋千，稍不小心，同样是命丧黄泉。在深涧峡谷上，独龙江还有飞溜藤索，而在高黎贡山某些路段上，连飞溜也没有，往往是一根大树搭在深涧上，成为名副其实的独木桥。走在桥上，天上云飞，桥下水吼，人在木上摇，随时都有可能“桥”断人亡。

“天梯”“天桥”“天路”，穿过高黎贡山雪峰，把贡山县城和独龙江连了起来。独龙族同胞要上县城，走这样的路，一般都要十天半月，要是在途中遇上暴风雪，“天路”被大雪覆盖，不被冻死，也会跌入深谷摔死。

独龙江通公路是一个跨世纪工程。

这个工程因国家财力和公路施工能力问题分为三个阶段：

第一，凿出人马驿道，为独龙江居民和驻守部队解决物资输入问题。

第二，修筑简易公路，解决人员流通和每年大雪封山前聚集人马抢运生活用品的问题。

第三，以现代化施工技术手段，打通6公里以上的高黎贡山隧道，以无数桥隧连接，成为可全年通行的等级公路，结束独龙江不通公路的历史。

这条公路的每一寸延伸，都牵动中央、云南省、州市领导的心，包括从新中国成立初期的周恩来总理到进入21世纪深入推进改革开放时期的习近平总书记，整整贯穿60年！这里，有两条路平行：其一，党中央到省、州各级党委的关怀，历时60年不变；其二，独龙江人民和基层干部迫切通路的愿望不变。由平行而扭结，这条梦想之路很坚韧，从来不曾断裂！

让我们再回顾以下简单的数字：

人马驿道：挖掉移走的土石方100万立方米；打通的悬崖峭壁80余座；在溪河、深谷架设桥梁达几十座。先后动员上路施工人员达30余万人次。

1964年初成。

那一天，独龙江峡谷的历史翻开了新的一页，那是有史以来，独龙江有了一条政府为他们修的路。

从脚走出的路到政府修的路，从“路在脚上”到脚走在路上，这是独龙族的一次历史性的飞跃！

剽牛、杀猪、互敬米酒，人们通宵达旦地欢庆，一支独龙人心中的歌，回荡在大峡谷。

独龙江人马驿道，在早期为独龙江的发展以及解决独龙族同胞急需的生活用品和物资，发挥了历史性的作用。

山间铃响马帮来，马帮带着幸福来。独龙族需要的各类生活、生产物资，也基本能满足了。

但是，每年行走在这条驿道上的马匹多达一两千，最高年份投入的骡马达到12000匹，投入的人力近万人次。途中摔死、病死的骡马达50匹以上，物资损失10多万元。每年的运输费多达三四百万元。云南作家张昆华先生曾在自己的报告文学《道路通向独龙江》中写道：

> 在贡山县城通往独龙江的65公里的人马驿道上，骡马和背运民工像一条缓缓流动的传送带，把冬春两季半年之内所需的物资一斤一斤地运输进去。在县城几角钱一斤的洋芋，到了独龙江加上运费就是3元多。贡山县在20世纪80年代初运输部门有壮年骡马350匹，十多年的运输下来，现在仅存老弱病残的骡马72匹，已无法参加正常的运输了。在那曲折崎岖的险路上，每年都有摔死的骡马尸骨在堆积……

2

靠这样年年如此的原始运输方式，当然改变不了独龙江的贫困落后面貌。据统计，自20世纪50年代中期以来，政府直接间接用在独龙族群众身上的经费，每人平均在25万元！但独龙江依然还是云南省最贫困的地方。

尤其一进入冬季，大雪纷飞，天寒地冻，千里冰封。这时如有谁能站在高黎贡山山顶的嘎哇嘎普雪峰上俯视，会胆寒地发现：一座座大山都成了冰刀雪剑，茫茫的原始林海也成了冰山雪墙。那穿行在高黎贡山崇山峻岭和深涧奇峡中的人马驿道，早没有踪影了。

就这样，独龙族同胞被冰雪封闭在峡谷里，和外边隔绝了一切联系。人马驿道，再也不可能发挥更大作用了。而大雪封山前，为赶运一个民族半年多的急需物资，人马驿道早也被压得喘不过气来了。要是遇上特殊情况，就更是难堪重负了。

张昆华是亲自走过这条人马驿道深入到独龙江的少数作家之一。他深知这条道路对独龙族同胞的特殊价值，对这条道路的艰难和难以满足独龙族同胞需求的情况，更是深有体会。特别是要解决独龙江流域整个独龙族的脱贫致富，这条人马驿道已经非常落后了。

20世纪末，云南电视台著名导演郝跃骏执拍的长篇纪录片《最后的马帮》在云南台《经典地理》栏目中播出，轰动全国。这是关于独龙江“国家马帮”的“最后”的记录！那些震撼心魄的画面，是永远值得回味的历史！

1975年12月，银白的雪花已开始在高黎贡山上飞洒了，大雪很快就要封山了。12月5日，独龙江公社所在地巴坡一户独龙人家失火，致使封山前运来的过冬物资，大多被烧毁。

天有不测风云，1975年12月7日，独龙江乡政府所在地巴坡，再次发生火灾，且损失较上次更为严重。

这就是震惊一时，牵动中央、省、州及驻军的两度“巴坡火毁事件”。

两度抢险得出一个简单结论：“独龙江地区半年雪封，是一个自然灾区。要支持群众度灾和国防之需，必须修筑一条等级公路！”

3

居住在峡谷的独龙族同胞，更是盼望公路早日通到独龙江！

不可讳言，对独龙江通公路，也有不同的声音。

有的人持移民观点。但他们都忘了独龙江不仅是一个民族的聚居地，而且还是一个祖国不可分割的边陲要隘。若把独龙族同胞都移走了，岂不是把这方边陲要隘变成了无人区，要是那样，国谁来防，边谁来守？军民联防、共筑长城，是我国我军的决胜传统。更何况，一个民族的聚居地，承载千年物质文化、人类文化，是探索自然及人类发展演进历史的宝库，在世界地理分类学中，具有不可替代的唯一性，又岂能随便弃舍？

高德荣的应答是："独龙江是我们民族的家园，更是我们伟大祖国不可分割的一部分。自从独龙族的祖先从太阳升起的东方迁移到这里后，我们祖祖辈辈都生活在独龙江畔了。为了保卫祖国的这方边陲和我们的家园，独龙人用生命和鲜血赶走了入侵的洋鬼子。为了保护独龙江的一山一水、一花一叶、一草一木，独龙人忍受着饥饿严寒，决不毁坏这里的一棵树、一根草。因为1994平方公里的独龙江不仅是我们的家园，也是一座绿色宝库。守护它，就是守护我们的家园和国家；珍爱它，就是珍爱所有的生命。我们是坚决不会迁移出去的。我们独龙族的呼声，就是尽快修筑独龙江公路。"

说到"筑路可能破坏生态环境"，高德荣动情了，他的眼里闪着泪光："我们独龙人最懂得保护生态环境了。过去刀耕火种，外人也说是破坏生态环境。其实我们烧一片杂草丛生的荒地，种上庄稼，收割后，我们就让它轮歇，然后种上水冬瓜树。这种树生长快，待它们长高后，就砍伐背回家做燃料，再烧荒播种。这就用速生的水冬瓜树保护了原始森林。至今独龙江流域的森林覆盖率达90%多，就是我们用这种方法把原始森林保护下来的结果。"他认为：修路开山炸石，要破坏一些山崖，也要砍伐一些树木，毁掉一些花草。但独龙江公路不过96.2公里，这种破坏，对于高黎贡山的整体，简直是微乎其微。他说："这是小破坏，大发展，在发展中保护，在保护中发展，这样的代价，值得！"高德荣不愧是独龙族人民的优秀儿子，他的睿智，他的远见卓识，他充满了辩证的思维，都让人佩服。

1993年3月，第八届全国人民代表大会在北京隆重召开，修建独龙江公路的项目计划也随之提交全国人大代表审批。在八届全国人大一次会议上，来自全国各地的各族人民代表，认为独龙江公路是真正体现党和国家对一个少数民族的关爱和温暖，关系到民族团结、民族平等、各民族携手共同前进的大问题。

独龙江公路，是真正的政治路、公益路、幸福路、国防路。

这样的路，花再大的代价，都要修；碰到再大的困难和艰难险阻，也一定要修成。

就这样，在金碧辉煌的人民大会堂，独龙族的全国人大代表和来自五湖

修建中的独龙江公路

四海的各民族的代表一起，含着热泪，按动表决器上的按钮。全国人民代表大会正式批准独龙江公路的修建。

独龙江公路，说小，不过是一条只有96.2公里的县通乡村公路；说大，它却关乎到一个少数民族的生存发展，关系到56个民族之一的独龙族有没有公路的历史。

正因为如此，这样一条乡级公路，才惊动了全国的人大代表。一条乡级公路，提交全国人民代表大会审批，这在中国的公路史上，独龙江公路是唯一！一条乡级的独龙江公路，惊动几千名全国人大代表与党和国家的领导人，通过他们的表决器列项，在新中国成立60周年的历史上，大概也是唯一！

因此，独龙江公路的修建，其意义，怎样评价，都不过分。

4

1995年7月1日，这一天是中国共产党成立74周年的光辉节日。独龙江公路建设指挥部也决定在这一天举行隆重的开工典礼。

隆隆的开山炮声，以它雄浑的声音向世界宣告：

独龙江公路开始施工了！

这天无疑是一个值得记住的日子。高黎贡山的原始森林，用它们那记录世纪的年轮，也把这一天，记在了它们的心中。

然而这美好和充满希望的一天，却被高黎贡山浓浓的雨雾遮蔽，成为独龙江“天路”之痛。

面对陡峭的悬崖、深不可测的河谷和原始森林中天网般的树藤，这些来自北方大平原的筑路人畏缩了。特别是密林中和河谷里的那些旱蚂蟥、蚊虫，似乎觉得这些北方人的皮肉更可口，他们一外出，才走几步，身上就爬满了一条条小蚂蟥，蚊虫更是不分白天黑夜盯着他们咬。身上的血点痕迹，让他们感到可怕。还没有施工，他们中有的人就已是谈虫色变了。

特别是高黎贡山海拔高，空气稀薄，这些北方人出门才走几步，就气喘不断，周身发软，没有力气，更不用说施工了。

面对困难，这支队伍虽然做了动员，但工程进度十分缓慢。

两年过去了，没有修成一公里的公路！

1997年4月6日，云南省在昆明召开了如何继续修建独龙江公路的重要会议，同意怒江州交通扶贫领导小组提出的施工方案：

独龙江公路采取分段包干施工：由云南省公路局承担前60公里的修建任务；云南省金沙江林业工程公司承担后30公里的工程；独龙江乡组织全乡的民工修建最后到孔当的6.2公里的公路。

独龙江公路第二次施工开始了！

奔腾的大怒江，以它雄浑的涛声，把独龙江公路第二次开工的消息，传到了很远很远。

战斗打响，测量设计先行，由云南省公路局职工大学担任测设任务，路桥二公司、三公司承担工程建设的主要任务。云南省公路局怒江州扶贫公路建设联络小组也同时成立。

1997年年底独龙江公路的修建，在全线展开了一场各路队伍比进度、比质量、抢时间的大会战。

高黎贡山从来都没有像这样热闹过，从普拉河畔到终年积雪的黑普山峰再沿山脉南下，到碧波奔腾的独龙江畔，红旗招展，炮声隆隆，沉睡了千万年的大山，就像一觉醒来，睁开眼睛一看，完全变了一个新的天地。

在高黎贡山测设公路的艰苦程度是他们在过去上百次的公路测设中，从来都未遇见过的。加上时间很紧，一定要在年底大雪封山前完成全线的测量。他们的测设季节，正是高黎贡山的雨季，几乎每天都在下雨，他们冒着雨爬悬崖、攀藤条、过沼泽地，测设的线路，随着这群人的脚步一寸一寸向前延伸。他们每测设出一公里的线路，都要翻越数座甚至十几座大山，蹚过一条条深涧河流，一公里的线路，要用走十几二十公里的路程做代价。他们周身都被丛林的荆棘、刺条划上了一道道血痕。蚂蟥、蚊子把这群陌生人当成它们的美餐，轮番进攻。而他们一天累下来，回到宿营地，只能钻进用塑料布搭成的帐篷中，出太阳又热又闷，下雨刮风，衣被全都湿透。而且毒蛇、猛兽还不时光顾。有一次，一条眼镜王蛇，盘在一个傈僳族民工的被窝上，吐着信子，发出进攻的信号。

高黎贡山丛林，在过去被称为“烟瘴之地”，甚至有人把这烟瘴地鬼化、神化，说一旦烟瘴气附体，人就会发高烧而死。抗日战争时期，远征军赴滇缅作战，不少人都因中了烟瘴地的邪毒而成了高黎贡山的白骨。

担任独龙江公路主攻任务的云南省公路局二、三路桥工程公司和金沙江林业工程公司的施工人员，都是精兵强将！

以云南省公路局为例，二公司是云南省组建最早的路桥公司，他们转战红土高原各地，踏破乌蒙山雪，穿过哀牢山雾，红河的波浪洗过他们的尘埃，金沙的激浪映照他们矫健的身影，这是一支具有丰富施工经验，又吃苦耐劳、敢打硬仗的公路建设队伍。三公司也同样具有在峡谷高山丛林修建公路的丰富经验。

二公司总经理徐华安深知独龙江公路建设的意义和任务的艰巨，他把全公司最能打硬仗、技术力量强、作风过硬的十六工程处派到这一工程的要害处，去打通全公路隧道中海拔最高的黑普垭口隧道。

十六工程处是一支员工整体素质好、技术水平高，又能吃苦耐劳的公路建设队伍。而且年轻，充满朝气。当时平均年龄不到30岁，大中专文化占职工人数的40%以上。用这支队伍去攻坚，是真正的精兵。

浩浩荡荡的施工队伍，从进场开始，就面临着一个又一个难题。在高黎贡山建设公路，不要说这里是一个地质博物馆，有许多意想不到的惊险和困难，而且人们日常生活中起码的吃、住、行，都是难以解决的，一切都要从高黎贡山的实际出发，从头学起。

首先，要学会吃饭。这里因为海拔太高，气压低，工地大多在海拔3000米以上，煮饭烧水，才烧到五六十摄氏度水就沸腾了。就是用压力锅煮饭，煮出来的都是夹生饭，下的面条，就是煮成了糨糊，仍然有许多像米一样的硬粒。因此，带领队伍进场的二处处长杨国荣，端起夹生饭，向大家下达命令：

“兄弟们，我们必须学会吃饭，必须像战士攻克山头一样，把这碗饭消灭掉！”然后，杨国荣便带头大口大口地往下咽。

在高黎贡山安营扎寨，住也是大问题。他们在坡陡林密、地无三尺平的条件下，随着地形，依靠那些高大粗壮的原始大树，建起一座又一座的简易树楼、地棚。有的悬崖下的岩洞，又深又大，冬暖夏凉，可住十几个人，他们便以洞为家，过起了20世纪的穴居生活。

在高黎贡山，除了一条进独龙江的人马驿道外，是没有路可走的。大家施工的地方，大多在高山悬崖峡谷间，进场的物资、机械、生活给养，只能背进去。背东西过独木桥，天旋地转，一不小心，就会摔下深谷粉身碎骨。在悬崖绝壁上，无路可寻，就砍下一棵大树在树干上砍出深浅不一的印坎，用它靠在悬崖上，然后小心翼翼爬上去，就像上天梯一样，令人胆战心惊。在一些山脊上，所谓路，像刀一样也只有二三十厘米，两边都是深谷，不要说行走，就是望一眼，也让人胆寒。

在他们的施工线上，沼泽也是让人生畏的。站在黑普垭口上，向下瞭望，只见一片神奇的草地上，闪现着一个又一个银亮的水洼小湖泊，也就是人们说的神田，其景观非常美丽。其实，这些草地神田，就是险象环生、可夺人命的草地沼泽。

当时，在黑普施工打隧道的筑路者，都要经草地神田，才能爬到山上。

那是唯一的通道。

但要通过这草地神田，却并不容易。当地的采药人和背工，因常年往返于此，他们就知道哪些地方可以走，哪些地方不可以走。而杨国荣和他的兄弟们，从来也没有走过草地，在草地上东一脚，西一脚，不时深陷泥潭，人越动越陷得深，再动就有灭顶之灾。他们中过草地遇险的也不少，好在那些背运物资的民工，大多熟悉这里的地理环境，在他们的帮助下，才算安全地通过了草地。

在96.2公里长的战线上，排兵布阵，炸开挡道的陡坡悬崖，筑起阻挡泥石滚落的挡墙，架起连接深谷河流的桥梁，用石头、圆木垒起深沟的路基，通向独龙江的公路，每修成一里，都要付出在常规条件下修路上百倍的代价，每前进一步，都浸透了筑路人洒下的血汗。

天大的困难，被他们一个个攻破，高黎贡山佩服了，这是一群不可战胜的人！独龙江公路，就这样一天天向前延伸，通向秘境独龙江。

5

在筑路人攻破的难关险阻中，黑普垭口隧道的打通，更让人难忘。

1998年8月1日，在建军节的这一天，黑普垭口隧道工程的战斗，正式打响。他们就像攻坚的解放军战士一样，从隧道口的东西两侧，同时向洞里挺进，那开山炸石的炮声向世界宣告，这支队伍是不可战胜的。

黑普垭口，一般在11月份就会出现雨夹雪天气，12月份多为间歇性阵雪，高处积雪可达一米以上。而到1月以后4月以前，就是持续性降雪了，垭口积雪厚七八米，有的地方在10米以上。直到5月，也还雨雪不停。6月以后，才基本不下雪了。如果1月撤下队伍休整，到当年5月才施工，就会耽误四五个月时间，隧道就会拖整个工程的后腿。

他们坚持雪季施工，同时，把基本通车的道路，从县城延伸到黑普垭口，为雪季施工，提供物资、给养的保障。

11月中旬以后，黑普垭口就下雪了，积雪已达二三十厘米。为了和风雪抢时间，隧道里实行24小时三班作业，进度大大加快。

12月9日，县委书记杨录安、县人大常委会主任高德荣等一行迎着大雪，来到工地慰问施工人员，给大家送来了一头烤猪。高德荣握着一位青年突击队员的手说："感谢你们为了我们独龙族有第一条公路，冒着雨雪施工。我们独龙族人民永远都记得你们！"

就这样，这支队伍冒着雨雪，日夜作业，一直苦战到1月中旬，雪越下越大，垭口山上的积雪已达1米以上，站在垭口望去，全是一片银白世界，而且雪已无再停的迹象。为了安全，杨国荣命令大家撤出现场，并给大家发了工钱，让他们回家过春节。

春节刚过完，这支攻坚的队伍又在贡山集中，虽然高黎贡山还被大雪封住，黑普还被冰雪裹着，山垭口上，又高高地飘扬起了"独龙江公路青年突击队"火红的战旗。他们劈开冰雪，进入隧道作业，黑普垭口，再次响起了哒哒的风枪声和隆隆的炮声。

1999年4月28日，随着隧道里的一声巨响，一炮炸开了封堵隧道的最后一块岩石。

自从1998年8月1日开工到1999年4月28日打通隧道（扣除大雪封山停工的52天），用了整整219天，打通了这条在海拔近4000米高、长420.24米的公路隧道。

这219天，他们开创了在高黎贡山上雪季施工的奇迹，是可以载入云南交通史的奇迹！

这219天，是云南的公路建设者们，以他们坚韧不拔、敢于打硬仗的品质，在艰苦的环境中创造奇迹的219天。他们用自己的汗水、热血和青春在这219天里谱成了一首壮丽的公路交响曲。

海拔近4000米的黑普垭口隧道的贯通成为一股强劲的东风，喜讯顿时传遍了正在加紧施工的筑路建设者中，在96.2公里的修路战场上，这一喜讯也成为建设者们最后决战的鼓舞力量。

省公路局二、三公司负责的60公里线路已经挖通了毛路，他们乘着垭口隧道贯通的东风，再做动员，百尺竿头更进一步，二公司经理徐华安、党委书记张自云多次深入工地为建设者加油鼓劲；三公司经理赵纯中也亲自在工地督战。

省金沙江林业工程公司负责的30公里路段，是从60公里处连接独龙江畔的一段路，相对说来，硬骨头比前60公里少些，但他们也不敢有任何松懈，也是以严格的管理、过硬的作风、科学的要求，按时向独龙族人民交出了一份合格的答卷。

这期间，高德荣向担任独龙江公路建设指挥长的赵学煌表示：独龙江最后6.2公里路的修筑，由他去动员独龙族群众组成一个工程队施工。赵学煌担心缺乏经验和技术的独龙族群众难以承担，表示不同意。高德荣却说："正是因为独龙族落后，才更需要学习修路的技术，以后修乡村公路不靠独龙族群众靠谁呢？"

独龙族施工队组建起来了，让赵学煌担心的事情也终于发生了：有的民工没干几天就跑回家去了。高德荣非常生气，走村串寨、挨家挨户去做工作。他对同胞们说："你们想想，我们独龙族人家，世世代代一直攀山越崖，走吊桥、上天梯、过溜索，像猴子一样生活。你们想想，整个独龙江，有哪家没有在路上摔伤、摔死过人？这样的苦日子我们过了就算了，难道还要让我们的子孙后代也过同样的日子？党和国家关心我们，你们看，天南海北的人都来为我们修路，风风雨雨，霜霜雪雪，人家都硬是挺着，你们却这样抱手抱脚坐在火塘边，还让人相信谁？依靠谁？再想，现在人家把路都修到我们的家门口了，你们难道不明白，路是修给我们自己走的吗？再想想，你们有什么理由不为自己的事流点汗？做人要有良心……想！再想，再再想！”

“想”，是高德荣升华创造，并赋予特殊含义的一个词汇。“想”——“通”，是“谋出一个人间道理”；“想”是把独龙人千年封闭的思维打开一个穿透冰雪云雾的“孔”，由“孔”扩展为“路”。

人的脑袋不通路，哪来人脚走的路！

大家听了，都默默带上玉米、荞麦、锅碗和独龙毯，跟他走。白天，他和民工一起修路，晚上一起住工棚。最终，独龙江公路最后的6.2公里，在这个由独龙族群众组建而成的施工队的共同努力下，按时保质地完成了。

修建这条公路，差不多每一公里路都付出了一个生命的代价，独龙族同胞，也有九人献出了宝贵的生命……

一条公路，不足百公里。但海拔急剧提升，地质结构相当脆弱，危崖在上，江流在底，云雨瞬变，暴雪时来。当时的施工之艰难，不是亲临现场，无人能想象。现代化的施工机械在崖壁上如壶悬天，一旦发生塌方，巨大的挖土机、凿岩机往往连人带机坠入深谷。施工工人、技术人员常在瀑布、冰雨、暴雪中被冻伤，仍用僵硬的手把持猛烈震动的凿岩机，低温高寒下他们无法入睡，吃的是冰疙瘩饭……

本篇没有预留足够篇幅来记录这一切，以最诚实的文字向他们致敬。

为不使一个民族掉队，共和国不知奉献出了多少默默无闻的英雄。

6

传说中的巨龙成了一条天路，

一头连着峡谷中的独龙江，

一头伸进高黎贡山的天宫，
今天，独龙人有了真正的天路，
独龙人骑着神马去寻找天堂的幸福……

20世纪的车轮终于在高黎贡山滚动起来。苦寒停滞的土地开始有了现代文明的速度。这虽是一个有些迟到的开始，但它仍然通向幸福的远方。

过去，在封山前的几个月，人马天天都忙于赶运封山后所需生活物资。现在只要几辆汽车，半天时间，就可以把过去要用半年时间，每天几百匹骡马甚至一两千匹骡马运送的物资运完。独龙江通车10年来的运输量，比过去60年人背马驮运输的物资还多。过去一吨物资进独龙江要八九千元，现在只需千元左右。

过去独龙江没有电话，只有边防部队和乡政府各有一部电话同外界联系。2004年独龙江乡开通移动电话，到2007年进一步实现移动电话村村通。从结绳记事刻木送信到卫星传送信息，这不是跨越几个世纪的千年巨变么？

能源建设，过去几乎等于零。农村长期用松明、火把照明。1980年以后，只有部队等少数单位用微型发电机发电供自己使用。独龙江公路通车后，也带动和促进了能源建设，在自治县成立50周年、独龙江公路通车7周年时，建成了2×320千瓦的孔目电站。入夜登上孔当的后山俯视乡政府所在地，星星点点的灯光，映照在蓝色的独龙江上，灿烂耀眼。

独龙江公路的建成，也带动了独龙江商业贸易的发展。过去只有乡政府一个商店，下边有几个贸易小组，为独龙族同胞提供一些简单的生活用品。现在汽车往来运输货物，来独龙江做生意的人也多了，商品经济也开始在独龙人中萌芽，全乡已有近100家个体经营商店，年经济收入达1200多万元，并逐渐形成了以孔目为中心的商品交易区，方便了群众，活跃了市场，同时也促进了农村小集镇的建设。

独龙江上的溜索

一条公路，结束了一个落后的时代，也开启了一个新时代的门户。高德荣说，这一切都是划时代的，都是天翻地覆的巨变。

回顾高德荣担任八届、九届云南省人大代表尤其是十届全国人大代表期间的作为，不少人用“辉煌”来形容他的履职作为。

工作30多年来，他担任过国家、省、州、县、乡五级人大代表，据不完全统计，他在各级人代会上积极反映问题、建言献策，先后提出200多条建议、意见，得到各级党委政府的重视和采纳。特别是在国家和省两级人代会上，他提出的关于独龙江公路、滇藏新通道、德贡公路等事关怒江发展的重大交通基础设施建设的议案，得到国家和省有关部门的认可支持，并已陆续付诸实施。

知情者都说，是高德荣等人多年的奔走呼吁，为2010年省委省政府启动独龙江“六大工程”项目建设埋下了有力的伏笔。

在高德荣的心里，人大代表是一种荣誉，更是一种使命，一种鞭策。为了真正行使好人大代表的职责，高德荣每年都要在各级人代会上提出促进独龙江或贡山县乃至怒江州发展的议案和建议。他提出的那些建议、意见都先后得到较好办理和落实，为独龙江乡、贡山县甚至怒江州的经济社会发展争取到项目、资金和智力支持。

2003年3月5日至18日，十届全国人大一次会议在京举行。会议期间，他抓住机会，索性直接向时任国务院总理的温家宝“伸手”。他笑容满面地请求：“总理，请给我们怒江修条路，请总理到我们独龙江做客。”他的急切和真诚，让在场者记忆犹新。

2005年2月13日，云南省贡山县遭遇百年未遇的特大雪灾，灾害造成6人死亡，23人受伤，交通、水利、电力、通信等基础设施损毁严重，直接经济损失近亿元。使高德荣揪心的是，在特大雪灾面前，全县基础设施异常脆弱，几乎不堪一击。就连国家帮助新修不久的独龙江公路，在这次雪灾中也未能幸免。

这条新路头顶巍巍雪山，大雪堆积至一米，甚至三至五米时，山川地貌失去原形，浑浑然连绵圆丘，路面被暴雪一笔抹去。这时，通常的铲雪保通作业十分危险。在一条路面通常仅有六米宽，没有路肩，仅容一辆大卡车勉强通过的道路上，不用说在独龙江不具备机械铲雪的能力，即使有，也会发生可怕的“蝴蝶效应”，只要稍稍震动——一只飞鸟翅膀倏地一展，千万吨的积雪即刻轰然崩塌！

你看得了！那雪，简直就是立体雪场，你目不转睛，看见没有？在任何一个高度，出现了只有一指宽的裂缝，接着，沿着静默无声的雪裂缝突然变成一条漫游的银蛇！由曲折而飞窜——雪崩发生了，携带泥沙、巨树一路扫荡而来！这时，行进在路上的人车，如同一张纸折的小房子，刹那间被团起抛至谷底！

这次特大雪灾出现的人员伤亡大多如此。

尤其在海拔近5000米的高黎贡山路段，爬高千米，曲折蛇行，上有千年冰川，下临万丈深渊，稍大规模的抢险几乎不可能。

于是，新的问题提出来了：刚刚使用了6年的“新”公路仍不适应独龙江独有的自然状况！

能否扩展路面，提高公路等级，或在高黎贡山打通一条直贯山腹而不爬山脊的隧道呢？在高德荣严谨却时而浪漫飞升的想象里，这时的公路，似乎更合乎人神共性，你不去惹动神山的深寐，只从她端手趺坐的间隙里一穿而过，她怎么会暴怒呢？

因此，他认为，当前，贡山县—独龙江亟待解决的一个迫切问题就是加快包括公路在内的基础设施的改造和恢复重建，把灾害的损失降低到最小程度。

为此，2005年3月5日下午，高德荣在出席十届全国人大三次会议云南代表团举行的第一次全团会议上，将他的所思所想说了出来，并热切地说："希望国家进一步加大对边远贫困民族地区基础设施建设的投入力度，进一步提高这些地区基础设施建设的质量和等级。"

为什么生态越好的地方越贫穷呢？

他思考了30年！也奋斗了30年！

其实道理很简单：在独龙江、怒江上游，大江还是"孩子"，我们时时呵护，生怕污染了她，生怕惹动了她，一切自然天性宛若神示；所以，在怒江、澜沧江、独龙江的中下游，她能发育成丰腴美丽的神女，在东南亚广阔的冲积扇上，福田沃野，米粮丰盛，养育了近4亿人口。在中下游，水变成米粮，而在我们的上游，"水还是水"——这就是贫困的"自然根源"。

"保护"是应该的，是一个负责任的大国应尽的义务。但大自然也不会薄待她的每一个稚子。

我们常常面对"保护与发展"这对矛盾的尴尬，其实也简单：

只有我们"长大了"才能更好地保护！儿时的梦想与成人的梦想是叠合的！"我儿时就常常梦见能扶起一棵倒伏的大树！"

高德荣代表呼吁："保护不能绝对化，开发不能随意性，只讲保护不发展不行，只讲发展滥肆开发更不行。要在保护中开发，在开发中保护。"

2005年3月8日，在十届全国人大三次会议云南代表团举行的第二次全团会议上，高德荣那不太流利的汉语发言，立即引起了与会人员的格外关注。

"高德荣代表说得好，生态环境只能积极保护，绝不能消极保护。"国家发展和改革委员会副主任、党组副书记王春正接过高德荣的话题，语句铿然有声。这位独龙族代表的一番发言，不仅赢得与会者的热烈掌声，更引起了前来云南代表团参加审议政府工作报告的国家有关部门领导的共鸣和赞许。

"如果将科学发展理解为'燃烧'的话，就是'燃烧'的资源越少越好，产生的污染越少越好，甚至不产生污染更好。”接过高德荣代表的话，国家环保总局局长周生贤说，“当然，我们不能用停止发展来换取保护环境，更不能为了发展而宽容污染，我们要通过优化环境来促进经济社会协调发展。”周生贤认为，特殊的地理位置决定了云南在全国生态建设中的特殊地位。他表示，对代表们提出的意见和建议，国家环保总局将高度重视，尽最大努力协调解决，帮助云南继续加强生态环境的保护和建设，促进当地经济社会不断发展。

“我是人民选出来的县长，也是人民选出来的全国人大代表，我深知自己肩上的责任和担子的分量。”在一次人代会发言开始前，高德荣做了这样的开场白。他说：“我不怕得罪人，就怕成罪人。我是人大代表，就要为民代言，提出的建议也要‘事事关百姓，件件总关情’。”

第七章 誓言如钢 决不掉队

1

云南是中国的民族大省，其中5000人以上的世居少数民族有25个。由于历史原因，这25个少数民族中有一部分在全国解放初期仍处于原始社会末期或奴隶社会初期。新中国成立后，中国共产党和中国政府始终把解决好国内民族问题作为中国革命和建设的重要组成部分，对这些少数民族给予了特别的扶持政策，使他们顺利完成了从原始社会末期直接过渡到社会主义社会，成功解决了不同社会发展阶段的民族如何共同进入社会主义的问题。

这个社会制度的大变革，在960万平方公里的国土面积上，没有使一个民族掉队。

这是世界上最伟大、最深刻、最生动也最平稳的变革。

半个多世纪过去了，回望中国民族政策取得的成就，在民族区域自治地区，政治、经济、文化、教育、卫生、科学及社会的全面进步世所公认。

到2009年新中国成立60周年之际，云南少数民族地区实现了由刀耕火种变固耕田的跨越，由茅草房变瓦房洋楼的跨越，由人马驿道变通达公路的跨越，由柴火照明变明亮电灯的跨越，由竹筒背水变自来水的跨越，由生火取暖变被絮毛毯的跨越，由篝火取乐变音乐电视的跨越，由牛角鼓声变手机电话的跨越，由人背马驮变机械运输的跨越，由粮食返销变自给有余的跨越，教育卫生由无到有的跨越。

诸多跨世纪的巨变证明，中国的民族政策是成功的，中国走出了一条符合自己国情的解决民族问题和实现各民族共同发展的正确道路。

60年在一个民族的发展史中只是弹指一挥间，然而在神秘美丽而又封闭落后与世隔绝的独龙族的民族史中却实现了三次跨越千年的宏伟巨变。

让我们再来简单回顾一下：

高德荣，1954年出生于红旗飘飘的贡山独龙族怒族自治县独龙江乡。早在1950年10月，中国人民解放军越过高黎贡山雪峰进入独龙江大峡谷，第一面五星红旗在独龙江上空高高飘扬，受尽历代反动统治者歧视和压迫的独龙人由此获得了新生。1952年独龙江历史上的第一个读书人，时任贡山县副县长的独龙人孔志清，听到了祖国母亲深情的呼唤，代表自己的同胞出席了在北京召开的首届中央民族事务委员会扩大会议。当伟大领袖毛主席来到代表中间，与他握手的瞬间，他知道毛主席不是和他一个人握手，而是和所有独龙族同胞握手，和一个民族握手。独龙族同胞和祖国从此再不能分离。1953年，在周恩来总理的亲切关怀下，独龙人有了自己骄傲响亮的族名——独龙族。独龙江乡沸腾了，3000多名独龙人奔走相告。

然而由于地理位置特殊，自然条件恶劣，社会发展程度低，经济结构单一，财政极度困难，各项基础设施建设滞后，独龙江乡仍属于典型的边疆、山区、民族、宗教、贫困五位一体的国家级重点扶持乡。特别是每年12月至次年5月初的大雪封山，让独龙江与世隔绝。别说独龙江，就拿整个贡山县来说，解放前夕都无一寸公路，仅有数条人马驿道，各族群众依然过着靠砍刀开路，攀藤附葛而行，过江靠溜索、竹筏、猪槽船的生活。因此交通成为独龙江发展的最大制约。

特殊的地理环境，使独龙江社会、经济发展受到严重制约。

这是显而易见的，就这一点看，独龙江地区的交通问题是一个特例。

1998年10月28日，省委书记令狐安率省民委主任格桑顿珠、省扶贫办主任和铁梁以及省委办公厅、省卫生厅、省教委、省水利水电厅的几位处长一行从昆明出发，于两天后到达贡山县城。10月30日一早便走上了独龙江之路。没有民警护卫，也没有记者相随。令狐安书记穿越荆棘藤蔓丛生的森林，越过悬崖峭壁，攀上空气稀薄的雪山垭口，走过泥潭和马屎掺杂，或是块石、卵石、尖石密布的路。一路奔波，翻越无数山峰、深箐、溪流、悬崖，跨过1座钢索吊桥、26座木桥和27座独木桥，连续徒步8天，悄无声息地抵达独龙江乡，而此时他已经是50岁出头的人了。之后他们走访了3个行政村，10个寨子，看望了30多户独龙族群众，把党和政府的关怀送到了独龙族同胞的心坎上。在独龙江乡简陋潮湿的会议室里，令狐安书记动情地说："独龙江乡再远再偏僻，也是我们民族大家庭中的一员，也应有发展致富的权利。我们要利用独龙江得天独厚的条件，把发展畜牧业当作第一支柱产业来发展。特别不要忽视独龙牛的发展，饲养独龙牛是独龙族群众致富的好门路，独龙牛就是独龙族群众的'摇钱树'，要'远抓林果，近抓畜牧'，要采取'以羊生羊，以羊还羊'的滚动发展办法，要走'以草养畜、以畜换粮、以畜换钱'的路子，千万不能再走'以火烧山、刀耕火种、广种薄收'的路子……"

对全乡医疗卫生、计划生育、广播电视、学校教育、水电、公路和人马驿道建设，令狐安也做了一系列切合实际的指示。

"20世纪末，全省要基本解决群众的温饱问题，在实现这个伟大目标的过程中，我们决不让任何一个兄弟民族掉队！"当听到令狐安书记说出这样坚定的话时，独龙江乡群众把手掌拍得山响。

1999年4月，具有多部门、多专业、多层次、多民族特点的省委独龙江民族工作队进驻独龙江乡，开展为期三年的帮扶工作。

1999年9月，投资1亿多元，全长96.2公里的简易独龙江公路终于正式通车了。江泽民同志亲笔题词："建设好独龙江公路，促进怒江经济发展。"消息传遍了整个独龙江，传到了每一个独龙族人民的心间。在这举族欢庆的日子，各族人民身穿民族服装，兴高采烈地从各村各寨出发，聚集到普拉河畔参加通车典礼。每个人脸上洋溢着幸福的微笑，心中唱着幸福的歌。

独龙江从此拥有了通往外面世界的公路，独龙族人民的生活又翻开新的一页。

高德荣是独龙江经济取得巨大发展，人民过上幸福生活的直接见证者，是具体项目的领导者、实施者。从1979年返乡任教，到任副区长、乡长、贡山县人大常委会主任、县长，整整25年，他的从政脚印完全与这一历程叠合。

对高德荣而言，是幸运的！人马驿道是一个梦想，简易公路又是一个梦想，他可以复述这个联翩梦想的每一个细节。

全长96.2公里的独龙江公路只有18公里是柏油路，其他的都是狭窄险恶的土石路，晴通雨阻，每年封山期长达六七个月，交通“瓶颈”的制约，严重阻碍了独龙江乡经济社会的发展。

也就是说，96.2公里的简易公路经受了严峻考验。使用10年，它发挥了巨大作用，加快了独龙江地区社会经济发展的整体推进。但10年之后，不得不面对的事实是：它已经不适应独龙江的发展，它又再次滞后了。

独龙江的特殊乡情再次凸显出来——进入新世纪后，它是中国唯一一个不通现代公路的民族乡。

边疆少数民族地区基础设施建设薄弱，抵御自然灾害能力差，国家如何给予重点帮助和支持，并加强对边疆少数民族地区资源开发和科技教育的政策扶持力度，优先安排资金，帮助这些地区实现跨越式发展，缩小与发达地区差距，这些问题又提到了议事日程上。

2009年，胡锦涛同志视察云南并会见云南省各少数民族代表、民族工作者代表和民族团结进步模范代表时强调指出：党和政府将把加快少数民族和民族地区发展放在更加突出的位置，进一步加大扶持力度，有效改善民族地区群众生产生活条件。

2009年，温家宝同志就解决好独龙族出行难问题做了重要批示。

2009年10月，省委副书记李纪恒同志率领省直相关部门和上海市委、市政府对外合作交流办的负责人，顶风冒雨，翻山越岭，深入独龙江乡，宣传贯彻党的十七届四中全会、国务院第五次全国民族团结进步表彰大会和胡锦涛同志在考察云南时的重要讲话精神，与独龙族群众共商边境民族地区的经济社会发展大计。李纪恒充满深情地说，我们关注独龙族的发展就是关注国家的民族发展，关注祖国的边防建设。独龙江的发展问题，不仅是一个经济问题，更是一个重大的政治问题。实现独龙族与其他兄弟民族一道共同团结奋斗，共同繁荣发展，不让一个兄弟民族在发展中掉队，是我们党和政府的历史使命，是义不容辞的政治责任。他在独龙江召开专题会议，研究部署了独龙江乡整乡推进、独龙族整族帮扶发展规划，形成了省委《专题会议纪要》，明确要求通过3至5年的努力，使独龙江乡和独龙族经济社会实现跨越式、可持续发展。

2010年，云南省委书记白恩培同志在怒江州调研座谈会上对独龙族生存和发展问题做了重要指示。

2010年1月，云南省委、省政府召开专题会议，下发《独龙江乡整乡推进 独龙族整族帮扶三年行动计划》。

2011年，受云南省委书记秦光荣委托，时任云南省委副书记、代省长李纪恒又深入贡山独龙族怒族自治县、福贡县、泸水县调研。他对怒江州经济社会发展特别是独龙江乡整乡推进、独龙族整族帮扶工作取得的成绩给予充分肯定，并从基础设施、群众增收、环境保护等方面进行了具体部署。

2012年11月，党的十八大召开。10日上午，在云南代表团集体讨论时，省委书记秦光荣高度关注独龙江乡整乡推进、独龙族整族帮扶的工作，并结合学习贯彻十八大精神，细问独龙江乡推进帮扶情况，提出了相关要求。

独龙江，在各级党委政府的关怀下，正在经历着一场翻天覆地的变化。

《独龙江乡整乡推进　独龙族整族帮扶三年行动计划》明确提出：以提高独龙族群众自我发展能力为重点，以培植特色旅游为主的增收产业为主要途径，采取整乡推进、整族帮扶的形式，着力实施安居温饱、基础设施、产业发展、社会事业、素质提高、生态环境保护与建设等“六大工程”；将实施31个自然村扶贫攻坚，整村推进，建设安居房1015户，建设基本农田5000亩；改造独龙江乡公路96公里，改造乡村公路90公里；新建农田水利设施20件，农村饮水安全工程29件；新建草果基地10000亩，种植核桃、花椒、董棕10000亩，农作物良种推广9000亩；发展独龙牛养殖800头，生猪养殖3000头，家禽50000只。

独龙江乡安居工程

也就是说，从2010年开始到未来的3至5年内，国家将投入10亿元资金。这意味着从新中国成立到现在，国家在每个独龙族群众身上的投入已达到50万元。这样的投入力度在中国乃至世界扶贫史上均属罕见。

高德荣也是这一历史的参与者、见证人。

而更让人振奋的是，作为整个独龙江帮扶项目“卡脖子”工程的独龙江公路改建项目中的关键工程——6.68公里穿越高黎贡山的特长隧道的贯通，将使千百年来每年有半年被大雪封山的独龙族同胞，彻底告别贫穷落后和偏远封闭，从此步入历史的新纪元，迈开新一轮跨越的步伐。

2

中国共产党做出了决不让一个兄弟民族掉队的庄严承诺，制定采取了一系列重要的政策措施，并要求一批理想信念坚定，爱党、爱国、爱家乡，为民务实清廉，把人生追求融入党和人民事业中、融入各族人民构筑中国梦的生动实践中的党员干部来完成。

在党的培育下，高德荣一步一个脚印走上了领导岗位，他先后被选为乡、县、州、省、全国人大代表，担任贡山独龙族怒族自治县副县长、县长，怒江州人大常委会副主任。他用实际行动履行着一名独龙族人民代表在国家政权机构中当家做主人的职责，为了不让自己的民族掉队，为了边疆的和谐稳定，为了各民族的团结，做着自己的贡献，从不丢失信心。

作为一个基层领导干部，他知道自己的责任，他怀抱全局，永远把脚跟站稳。

2010年，中共云南省委、省政府做出了《独龙江乡整乡推进　独龙族整族帮扶三年行动计划》的历史性决定——这是在中国民族社会、经济建设史上极具光彩的一笔！

高德荣夜不能寐，在屋子里转来转去，想写点什么，又不知从何写起。老伴醒来问："你是饿了吗？我起来给你做吃的。哎呀，电视都放白板了！全中国都睡了呀，你游什么龙啊？"

他抓着老伴的手，泪眼模糊："我哪里是饿，我三年不吃饭都行了——独龙江千年历史要大大改写了！我恨不得把自己点成炮仗！"

是的，"整乡推进"，他把自己"安置"在独龙江，因惦着草果的实验性种植效果，他自己先学，再教群众。如同以往的典型性场景，一个外地来参观的人看见一个老人一身泥水，埋头教群众如何理墒、排种、施肥，如此耐心又头头是道，忍不住说："这老头，还真少见，在行还耐心，是专业户的把式？"站在一旁的人说："他是我们县长啊！"

在认真调研、排查所有适生、易管、易储、耐病，且经济效益相对较高、市场前景相对较好的经济作物后，高德荣将草果等作为农民增收的支柱产业来抓，大力动员群众扩大种植面积，帮助提高种植水平。在加工环节上，贡山县到2011年止，已有18吨/次的鲜果加工能力，加工主要采取无烟烘干，烘出的干果比其他地方生产的干果色泽鲜明，品质更佳。产品有的近销昆明，有的远销西北地区，还有的出口到韩国。

截至2013年10月，独龙江乡全乡已经累计种植草果33000亩，挂果面积逐年增加，经济效益不断提高。此外，还在全乡推广中蜂养殖13000多箱。草果种植、中蜂养殖，已成为独龙江乡群众脱贫致富奔小康的重要产业。

3

2005年，党中央、国务院做出重大决策，制定专项规划，扶持全国22个总人口在15万人以下的人口较少民族加快发展。云南省有独龙族、德昂族、基诺族、怒族、阿昌族、普米族、布朗族7个人口较少民族，总人口约23万

高德荣下乡途中

人，通过一个阶段的扶持，9个州市31个县（市、区）175个建制村1407个自然村得到快速发展，扶持成果惠及31万各族群众。

从2005年到2010年，云南省扶持人口较少民族发展规划共投入各项扶持资金27.2亿元，使175个人口较少民族聚居建制村全部实现了“四通五有三达到”的扶持目标，极大地改善了人口较少民族群众生产生活条件。

为促进民族地区社会事业全面发展，云南省对景颇族、布朗族、普米族、阿昌族、怒族、基诺族、德昂族、独龙族8个人口较少民族义务教育阶段所有学生给予生活费补助。补助标准为小学生每人每年1250元，初中生每人每年1500元。

为促进民族地区学校的双语教学顺利开展，2003年以来，中央和省级财政按5:5的比例承担出版发行少数民族文字教材的亏损补贴资金，对云南少数民族文字教材统一出版，免费发行到民族地区学校。对独龙族、布朗族、基诺族等云南特有少数民族大中专班的学生，按照大专生学费每人每年5000元、生活补助费每人每年4000元，中专生学费每人每年2000元、生活补助费每人每年3000元的标准给予补助。与此同时，对省定民族中学高中住宿生给予每人每年300元的生活费补助。

值得一提的是，2006年10月，国家支持370多万元建盖的独龙江乡九年义务制学校落成，峡谷里的孩子们不用再花四五天时间翻山越岭到90公里以外的贡山县城上初中了。这里的学生除了可以接受国家规定的义务教育之外，还能享受“三免费”“两免一补”等特殊优惠政策，每个寄宿学生每月还能领到60元生活补助，是全县也是怒江州补助最高的。独龙族学生基本实现不交一分钱就能上学。

此外，通过各种渠道，全乡已争取到各界捐资212万元，在马库、巴坡和龙元等学校修建了希望小学。在贡山县高中，每年约有14%的独龙族学生通过高考进入高校，走向一、二线城市，他们之中已经有了硕士、博士研究生。在独龙江乡学校孩子们琅琅书声中，人们看到了教育改变独龙族人命运和乡村面貌的希望。

2006年10月，装机640千瓦的电站在独龙江建成发电，结束了中国最后一个民族不通电的历史。

电灯一亮，高德荣理所当然地加班加点。但他不多开会，而是读书。

有人打趣："老高，老高，你背不驼腰也不弯，你要干到太阳落了不起，月亮圆了不缺？你功德圆满了，该拉灯熄火了。"

高德荣说："我闭眼睛是常理，独龙点睛了，不见？"

第八章 追梦历程 新的起步

1

2012年，高德荣58岁，从怒江州人大常委会副主任的岗位上退了下来，在决定回独龙江居住的那一天晚上，他彻夜难眠。躺在床上，耳畔隐约传来怒江流淌的声音。30多年前，当他第一次走出独龙江，人生的命运就此改变。此后，他在州府碧江完成学业，回到独龙江乡巴坡完小教书5年，随后任副区长、乡长，此后在贡山县长任上任职多年——这份履历很简单，很明朗，像一把旋转楼梯。

他的家乡贡山独龙江呢？则不好比喻，像独木天梯，像冰坡上凿出的坎坎，像一株云杉树上的横枝横杈，像独龙江的径流……总之，像独龙江的任何一种自然物。

有的人离开乡土，时有归来；有的一去不回。他在独龙江—贡山担任基层领导25年，即使在州人大常委会副主任任上，为了独龙江乡“整乡推进”这样的专项工作，他的办公室仍落脚独龙江。因此，30余年来，他真像一条独龙江的细鳞鱼，要么潜游江底，要么搏浪跳跃，要么逆流而上，从来没有离开过养育他的江水。

有时放流千里，是时代给予他开阔眼界的机会。

昆明、北京、上海、广州……他看什么都有独龙江的影子。

山外的世界是那样辽阔和神奇，令人向往，但退了下来，思考自己即将到来的晚年人生，那个时常出现在梦境中的出生地独龙江却让他魂牵梦萦。落叶归根，回到出发的地方，回到曾经的亲情、友情之中，回到温暖的记忆深处，是许多人最终的人生选择。但高德荣清楚，留在州府六库，意味着他选择的是安详的晚年生活，含饴弄孙，尽享天伦之乐，让奔波了大半辈子的人生有机会歇息下来，漫步黄昏时分的苍山夕照中……而回到独龙江，把独龙江帮扶领导小组副组长这个“虚位”做实，则意味着人生的一次再出发，意味着也许比在岗时更多的劳累、艰辛与付出。

更重要的是意味着为家乡为独龙族的发展进步服务永无终期！

俗话说：“扫帚倒了扶一扶”——借指出入家门，不可避免的琐事是很多的，更何况“整乡推进、整体帮扶”的工作才刚刚开始，他是去套笼头，拽犁架啊！

不是每个人都能轻易地做出这样的人生选择，高德荣也是。回顾自己的大半辈子，从世俗的角度来看，他也算是功德圆满，从一个独龙族孩子到州人大常委会副主任这样的副厅级“高官”。他的人生不能不算成功，既让人羡慕，也令人欣慰。但想到独龙江里还有那么多的乡亲生活在贫困线下，他又觉得自己个人的这点成功太轻太轻。他想起了10多年前舅舅孔志清最后来看他的情景，那个像一盏灯一样引领他前行的人给他提的最后一个要求，竟然是希望他有朝一日能够返回独龙江，带领当地人致富。那是舅舅去世的前一年，风烛残年的老人，拖着病体来看望他，是为了让这个他看着成长起来的外甥能够帮他实现人生的梦想：一是把独龙江乡政府从巴掌大的巴坡搬迁到地理位置更好的孔当，二是让独龙族过上富足安康的好日子。舅舅那时已经预感到来日不多，人生的梦想已经没有足够的时间来完成，只有寄托在他信赖的外甥身上。为此，老人甚至为高德荣退下来以后回到独龙江做了许多超前的安排，把自己的一块地作为遗产留给高德荣修建回乡的栖身之地。想着一个时日不多的老人，心中挂念着的竟然是这样两桩事情，高德荣心中无限感慨。第一桩事情高德荣已经把它变为了现实，而第二桩事情还有很长的路要走。舅舅也许清楚，所以老人临走之前，要求等他走后，把他安葬在独龙江，生命有限，灵魂不死，他要站在自己出生的地方，看着独龙族人最终会不会与其他民族一道，过上幸福的小康生活。黑夜中，高德荣仿佛看到高空中有一双眼睛望着他，那是舅舅期盼的眼睛，高德荣心里暗暗地向舅舅的在天之灵承诺：回到独龙江，去实现舅舅、自己以及千百个独龙族人的共同梦想。

这就意味着，他必须再次“回归母腹”，与自己尚未摆脱贫困的民族一起再生再成长。马克思说过：“一个成人不能再变成儿童，但儿童的天真不使成人感到愉快吗？他自己不该努力在一个更高的阶梯上把儿童的真实再现出来吗？每一个时代固有的性格不是纯真地活跃在天性中吗？为什么历史上的人类童年时代，在它发展得最完美的地方，不该作为永不复返的阶段而显示出永久的魅力呢？”《马克思恩格斯全集》第46卷上的这句话，写尽了理想人生，是高德荣梦想的最高境界。

独龙族，他的族群，正在成长。这个人口较少的民族，充满永久的魅力，但历史刻痕如此之深，他们尚处于“幼稚”时期，他们要长成“成人”，却不需要去除“儿童”善良美好的天性。否则，就不是独龙族了。这大概就是马克思所言“发展得最完美”的境界。也是他——一个独龙之子的归宿，踏上“永不复返的阶梯”，来展示“永久的魅力”！

然而此时的高德荣已经不是30年前从民族师范学校返回独龙江任教的高德荣了，长年风里雨里、卧冰尝雪的跋涉，让他的双腿患上了严重的风湿病；毫无规律可言的饮食起居，导致严重的胃溃疡，不时抽搐绞痛；大保路上发生的一次车祸由于治疗不彻底，给肋骨留下了暗疾，也在毫不留情地折磨着他；还有发作时令脑袋嗡嗡直鸣的牙痛……于是，他每天不得不大把吞食药物：阿莫西林、胃舒平、止痛片、布洛芬缓释胶囊……但这一切，都无法阻止决心已下的高德荣。

高德荣退下来以后，按他的级别，完全可以留在怒江州府六库，在这座美丽的山城，好好调养一下严重透支的身体。朋友们以为他会在此颐养天年，没想到当组织找他谈话时，他的回答让人意外：我要回独龙江乡去。

对他的选择，来跟他谈话的州委领导是再了解不过了，也知道这个人言必行，行必果，更知道他回独龙江不是去享清福，而是他心里还挂着整个独龙族的发展，因此对他的这次返乡就尤为重视。眼下，省委省政府《独龙江乡整乡推进　独龙族整族帮扶三年行动计划》正进入攻坚阶段，工作千头万绪，正需要像高德荣这样既熟悉独龙江乡情，又有丰富工作经验的老干部参与。于是，州委决定让高德荣任州委独龙江帮扶领导小组副组长职务，这样一来，高德荣可以协调各方力量，来推动独龙江乡的发展，又可以视自身状况进退自如。

对于高德荣从岗位上下来之后的选择，并不是每一个朋友都认同。就在他回乡的头天晚上，一位跟他平时处得很好的朋友打电话给他："我说老哥，回去就回去，无官一身轻，你倒好，又挑上了州委独龙江帮扶领导小组副组长这副重担。当然，对有的人来说，这算是虚职，但凭我对你的理解，你真的会为之去拼命的。别人绕开路上的大石头，你倒好，拿石头砸自己！"

这位朋友既了解高德荣，又不了解高德荣。他了解的是高德荣对工作的认真与负责，不了解的是高德荣内心深处的独龙江情结。听了朋友的好意劝告和真诚关心，高德荣心里很感动，他拿着话筒，对朋友说："我知道你和大家对我的好意。但不瞒大家说，多年了，一离开独龙江，别说在昆明在北京，就是在六库，我都很难睡个好觉啊。我倒没有看不到星星、听不到水声就睡不着觉的那种矫情。但我一想到那里还有6000多独龙族同胞还在温饱线上挣扎，我的心就像被猫抓狗咬。"说着说着，他有些动情："今天，有的地方已在建盖百层高楼，独龙江盖不盖高楼是另一回事，但独龙族同胞还没有摆脱贫困是事实。还是半年大雪封山——灾害半年。独龙族是祖国56朵花当中的一朵，再不加快脚步，同其他民族一道赶上小康生活，那就是给祖国母亲抹黑……”

尤其让高德荣感动的是，当知道他要回乡，妻子马秀英提前从贡山县医院办了退休手续。这么多年的朝夕相处，她太清楚丈夫内心深处的梦想了，也知道什么才是高德荣真正的快乐，因此这个贤惠的女人默默地收拾好东西，决定跟着丈夫一起回到独龙江。

这是高德荣终生的幸运。良伴、知己，时刻眷顾、终生守候！高德荣内心充满感激，他戏称：“我一生最大的福分是这贴身的棉袄，没有，即使心铁如石，也变成江底的鹅卵石了！”

2

这次的回归，与他几十年的无数次回归是那样不同，“是打下桩子，拴牢牛——再不走了”。

回到独龙江，高德荣立即带着妻子去看望在那儿安息的舅舅孔志清。

墓碑上的石苔有蓝、有紫、有黄、有青、有白……宛若一个五彩花环。

他伫立墓前，说：“老舅！侄儿践言，向您报到来了。”

献酒，沿墓地洒上一圈。自顾饮完酒底子，眼泪簌簌而下。

没有什么可以诉说的，他想，九泉之下的舅舅一切都能看到，独龙江大变样了，如果独龙江“三年攻坚”能完成，6000米的高黎贡山隧道能顺利贯通，那么，现代化公路桥、隧道和柏油路面将会承载着6000独龙人，走向无限瑰丽的梦境深处！怒江—贡山—独龙江的整体发展规划将得以实现。

他是为这个目标而回来的。

即使族人，也不是都了解高德荣啊！有人在欢喜之余，喊出一声：“我们独龙族最大的山官回来了！”——这只是不经意的一声喊，高德荣却认真起来了，他正色道：“把这话收回去！谁再犯口忌，罚他喝石灰水！我们独龙族在半原始社会度过几千年，哪里有什么山官？共产党后面有个‘员’！‘员’是什么？口下讨钱——我们的经济至今还是‘手掌心朝上’的经济，就是向国家讨要政策和支持。我时时感到羞愧，我这个你们说的‘官’是服务员！最大的‘官员’不是我，是我们的党。党伸手出来了，我们接住没有？”

再没有人见面喊他“官”了。

更多的不必说：他没有辜负舅舅的期望，回来了。回到生他养他的母地，回到自己的族人中间，把想带领着独龙族脱贫致富，实现与全国其他民族一道共同步入小康，从而将自己个人的人生梦想，融进民族的梦想，也融进中华民族大家庭共同的中国梦。

施工中的高黎贡山独龙江隧道

天空突然飘飞雪花，接着是细粒子的冰雹，飒飒地，漫山回响。

高德荣没有忘给老人烧纸，还把他历经数百个日夜思考、凝聚30余年实践经验和集体智慧、国家发展战略、省委发展思路而一字一句写下的《60年的千年跨越》一文捧出来，一页页拆开，放在香火焰头上，烧给舅舅——这是他的“答卷”。按他的解释，这是一个“公式”，前一个“60”年是“过去时”，后一个“千年”是“现在时与未来时”，60年要变成1000年2000年，要乘以近20或30倍！这就是说，要付出几十倍的努力！才能实现“跨越”！

他说：“舅舅，您读一读，这是我写的，我想说的都在上面了，原本想打印，但您素来不喜欢看打印稿，你夸奖过我抄写的夏老先生的史稿，表扬我的字迹工整，但我也奔60的人了，字写得不好，您原谅吧……”

高德荣在坟前坐了下来，眺望着远处的雪山与山下流淌的江河，一时不舍离开。

从当年一次又一次离开独龙江，到最终落叶归根，回顾自己的这大半生，高德荣不禁感慨万千。回想从一个农民孩子成长为一位厅级领导所走过的路，高德荣觉得自己是三生有幸。他感慨自己有幸生在新社会，长在红旗下，这才有了今天。此乃“一幸”。解放前的独龙人备受欺凌，甚至没有族名，是党和政府帮助独龙族人翻了身，成了中华民族大家庭的一员，让自己能够跟随国家的进步一同进步。他还感慨自己成长的过程中，一直得到党和人民的培养，踏着独龙江最初与外界联系的人马驿道，到山外读了书，走上领导岗位，并作为全国人大代表，参与国家事务的决策。此乃“二幸”。最让高德荣感到幸运的，是党和国家这么多年对独龙族的大力扶持，昔日封闭落后的独龙江，除了有能跑大汽车的水泥路，还有了卫星电话、卫星电视。孩子们都上学了，还不用交一分钱的学费。很快，独龙江就要村村通公路，户户住新房，不愁吃穿。更让人高兴的是，今天，在实现中国梦的道路上，6000多名独龙族同胞与全国其他民族的同胞都行动起来了，大家激荡着创造的伟力，汇集着共同的愿景，而高德荣觉得自己作为其中的一员，能参与、见证独龙江跨世纪的发展，并享受其成果，真是人生的大幸！“三幸”齐降，归为一幸：是党的领导，时代的进步，国家的繁荣！

除却这大幸，他高德荣就是一粒草籽，随生随灭。

唯有回归母土，仰月依风，饮霜汲露，才能与江山共存。

与高德荣一块来看孔志清的马秀英在给老人烧纸祭奠时也低声说：“舅舅，这回，我和德荣一起回到独龙江了。这些年，德荣干什么都跟着您学，为了乡亲，他不怕打击，不怕委屈，更不怕流汗流血。乡亲们都听他的。您的孙女孙子都长大了，他们都有出息，成了国家干部，正为家乡人民努力工作。再过两年，德荣也要退休了。但我和德荣都还不服老，为了独龙江变得更美，德荣吃苦受累，我也会竭尽全力帮他。独龙江是我们永远的家啊，我们付出再多都心甘情愿。舅舅，您放心好了，我们一辈子都守在这里，再也不离开了……”

3

回到独龙江的高德荣把家安在了孔当村公路的入口处。房子的地基是舅舅孔志清作为干部离休回乡安置由政府划拨，又作为遗产送给他的，目的其实明明白白，就是要他在退休以后回来，与独龙族乡亲在一起。

高德荣在这块地基上盖了长长一溜竹屋子，屋子以篱笆为墙，以石棉瓦做顶，共两层，一层堆放着大堆柴火，二层住人，整体看上去像童话中的小屋。这儿离野马般奔跑的独龙江只有一箭之遥。

竹屋一头，是一间狭长的屋子。屋子入口处的火塘长年不熄。火塘呈长方形，一米多长，用铁皮勒边。火塘里，大腿粗的木头熊熊燃烧，屋里弥漫着柴火和烟草的味道。这里实行封山育林，不准任何人上山砍柴，他家烧的柴火都是他找人从独龙江里打捞上来的漂木。坐在火塘边，不一会儿，外出时被阴湿潮腻的风雨浸透的身体变得松爽干洁，连同心情。在这里，火塘是独龙族人的另一个太阳。一个铁架子上，一口大锑壶被烟熏火燎得像一团煤。

屋子一侧的窗户下，一长串的沙发上铺着独龙毯，可以坐上十来个人。屋子一头，一个长长的柜子上，放着几张大照片，是高德荣到北京出席全国人代会和参加其他重要活动，与接见他们的胡锦涛、温家宝等党和国家领导人的合影。照片里的他，穿着鲜艳的独龙马甲，神采奕奕。屋子另一头的一张方桌上，放着一台大电视。

这间简陋至极的竹房子，既是他的住所、办公室，也是一个公共场所和中转站，在这儿落脚的，有从筑路工地上来的，有从苗圃基地上来的，有来商量工作的乡干部，有边防派出所官兵，有从村寨到乡上赶集的人，有被毒蛇咬伤要送到县城医治的人，有送孩子到贡山一中读书的独龙族乡亲。而从县医院退休回乡的马秀英在这里开了一个小饭店，她一放下手术刀，就拿起锅铲。一个退休医生，一个“厅官”的“夫人”，竟然当了“伙头军”。她一天到晚总是带着三四个女工，杀鸡、剖鱼、淘米、洗菜，很少有闲下来的时候。据知情人讲，高德荣出手太大方了，他可观的工资差不多都用去扶贫济困。妻子只好开个小店，多少能挣一些，以贴补“大家”之用。

集体食堂，办公场所，信息中心，救护站点，周转客栈，荣誉展室——号称“六运饭庄”！

作为怒江州委独龙江帮扶领导小组的副组长，眼下，高德荣所有的注意力都在一条隧道上。千百年来，高高的高黎贡山在呵护独龙族时，也隔绝了他们与外界的联系。但是党和政府并没有忘记独龙族同胞，多年来，一直在通过各种方式和渠道，帮助独龙族摆脱贫困与落后。2012年1月，独龙江公路改建工程由国家发改委批准立项，省交通运输厅委托省公路局组织实施。

高德荣为隧道建设者戴花

按照设计，改建的独龙江公路基本上按原有公路进行改造，但必须避开积雪严重、地质结构疏松、生态脆弱的高黎贡山多个垭口、深谷，彻底解决半年大雪封山造成公路中断、衍生灾害频发的问题。这样，独龙江公路才能够成为全天候的通天大道，不再受漫长冬季的影响。为此，需要在雪线以下打一个隧道。隧道净宽7米，净高4.5米，全长6000余米，属目前云南省最长的在建高山公路隧道。独龙江公路改造完工以后，将比原有公路缩短约17公里，大大缩短独龙江与外界的距离。

开工典礼的那一天，高德荣望着现场的那些施工机械与头戴安全帽的工人，按捺不住内心的激动，他发自肺腑地对参与施工的工程人员说："独龙族同胞感谢你们！你们早一天打通大雪山，独龙族同胞就能早一天迎接新生活！你们将成为独龙江的大功臣！你们看看那些大树，一片叶子一张眼，滴的是眼泪——都在感谢你们呀！"

经过环境评估的新路工程，尽量保护每一棵树，而桥隧连接，更是以最大的工程难度来换取环境、植被、山体的完整——高德荣轻轻一句致谢词，满含深意。

开工庆典结束的那天晚上，许多人聚集到高德荣的家里来了，梦想即将成真，他们开怀畅饮。一年又一年，道路成为独龙江能否真正发展，融入山外面世界最关键的环节。对此，高德荣有着切身的体会："因每年大雪封山半年，别人走100年，我们才走50年，怎么可能赶得上别人的脚步呢？"这个算式是普及性的。高德荣发展了它，成了四则运算："别人走50年，我们走100年，不是'倒退'是什么！如果隧道贯通，96公里减去17公里，是80公里不到。这也不对！在原本的96公里中，翻山越岭爬冰坡，汽车时速10至20公里，要八九小时才可以到达。时间相当于京沪高快了！别人跨中国，我们跨一条江——还是'倒退'！只有贯通隧道——80公里，一个半小时，完成独龙江行程，才是跨越式发展！"

当过老师的他是"发展计算机"。

有人提议：应当把这个算式写在工地上！

打通高黎贡山，让昔日的天堑变通途，让独龙族能够追赶得上其他民族前行的脚步，这是高德荣毕生的梦想啊！

作为独龙江新公路的核心，6.6公里长的高黎贡山隧道，分别从山体两侧同时掘进。隧道一标单位云南第一道路桥梁工程有限公司，从贡山县方向朝独龙江方向掘进；隧道二标单位由武警交通第三支队担任，从独龙江方向向贡山县方向掘进。隧道两侧的公路施工及保通任务，分别由大理道路桥梁工程公司和云南三江道路桥梁工程公司负责。全线的领导指挥、组织管理、协调服务等工作则由独龙江公路改建工程建设指挥部进行，同时，指挥部还负责着23公里未改建老路段的安全保通工作。

开工以后，年近六旬的高德荣，全身心扑在了这条公路的建设上。这是他梦想了一辈子、呼吁了一辈子、奋斗了一辈子的公路。

独龙江的四季从来不分明，一年中有两百多天阴雨绵绵，有半年冰天雪地。加之作业区的地质结构复杂，使得独龙江公路的改建，尤其是高黎贡山隧道的打通，就成了独龙族兄弟实现中国梦路途上的一只拦路虎。

能不能如期把这只拦路虎打掉，不仅关系到独龙江乡整乡推进和独龙族整族帮扶项目的实施，也关系到施工单位多年征战道路建设的荣誉。

参与过嘎隆拉隧道建设的武警交通三支队，是支能征善战、专一攻坚、犹善在高寒高海拔地区作业的英雄队伍。其荣誉如山，自强自尊。开进高黎贡山隧道第二合同段时，豪言："能把号称'隧道施工百科全书'的墨脱公路嘎隆拉隧道拿下，独龙江公路隧道还能把我们难倒？"

负责独龙江公路改建隧道第一合同段建设任务的云南省第一路桥工程有限公司也是个见多识广的单位，曾经攻克过无数急难险重的工程，特别善于在高山深谷转战，是一支有极其丰富经验和应变能力的强军！他们放话更狠：地球上还没有我们打不通的隧道！

中央、省部把这样关乎国家发展战略、民族新生的重大任务交给他们，是莫大的信任和荣誉。

但在高黎贡山，老天还是有意给了施工单位一个下马威。

2013年3月1日，云南省第一路桥工程有限公司的工程队独龙江公路隧道项目驻地就遭遇了特大雪崩。一眨眼，山谷地带的油库、通信信号塔、炸药库、石料拌合站、公共设施就被山上倾泻而下的积雪裹埋。所幸当时施工人员正在隧道内作业，躲过了生死一劫。

高海拔低气压下煮不熟的夹生饭菜，连绵雨天长霉的衣服行李，降雪掩埋房屋，损坏的电线及机械设备，连续多天没有电、没有电话信号，连给家里报平安都难的境况，以及恶劣的天气，艰苦的环境，艰难的施工条件，都没有吓退这一群建设者，因为这是一个能吃苦耐劳的团队，这是一个勇于拼搏进取的集体，这是一支能打硬仗的队伍。

负责隧道出口侧施工的武警交通第三支队官兵同样经历了生死考验。

为了隧道早日贯通，接受任务后，他们赶在大雪封山之前，争分夺秒地建好施工营地，并于2011年10月把所有装备物资、100多人半年的给养全部运抵项目部，保证了隧道施工工作在冬天也能正常进行。

然而，这样的超常作业无时不潜藏着危机。

2012年3月25日上午，高黎贡山一场大雪崩骤然而至。转瞬间，营地的部分住所、仓库、食堂就被2万多立方米的积雪所掩埋。铺天盖地的积雪甚至将营地旁的嘎莫洛河河道阻塞了400多米，从而形成了一个堰塞湖。积水随时会蔓延开来，将营地整个吞噬。营救工作迅速展开，以最快的时间撤离人员、抢救物资、解救被困人员。最终，人们战胜了这场天灾，雪崩没有造成人员伤亡，却造成了从乡政府到武警交通第三支队驻地，33公里路段100多处边坡坍塌，积雪阻断道路，道路二标云南三江道路桥梁工程公司施工队74人被困。三支队全员出动展开营救，最终使74人安全撤离。

这天夜晚，雪崩才过去两天。三支队副参谋长、贡山项目部经理周勇好不容易刚睡着，就被叫醒，有人求救："我和一个同伴徒步翻越雪山时，他不小心滑落雪坡，你们快救救他吧！"周勇一听，二话不说，立即带领9名战士携带救援装备，赶往需步行两小时才能赶到的出事地点……

一个冬天，他们救助了被困人员200多人次。

而雪崩，仅仅是公路建设过程中遇到的第一个困境。断层、裂隙、涌水、低温、纵坡等险情接踵而至，施工队接受着前所未有的挑战。

这是怎样的一个隧道？一位曾参加过修建西藏墨脱公路嘎隆拉隧道的建设者感慨，墨脱公路嘎隆拉隧道建设之艰难属国内之最，但比起独龙江公路隧道就不算什么了。

险恶的施工环境，威胁着施工人员的安全。

高德荣深有体会，知道此时自己该担当何种角色！

第一场大雪降落时，高德荣就忙碌开了。他带领着交通部门的工人们，手持铁铲、铁锄，奋不顾身地刨开雪堆。

这次，他一个近60岁的人，再次担当开路先锋。

而就在一次为车开道中，他和县委办的褚利光、鲁春平被一场突如其来的雪崩彻底掩埋。若不是在场的交通局装载机手阿塞及时发现将他们救下，他们就将永远和冰天雪地融为一体了。

另一次，他和司机从独龙江乡政府赶往隧道建设工地，路上遭遇泥石流。为赶时间，他弃车步行。路上，一不小心，摔下十几米深的山谷。司机下去一看，他耳鼻出血，已经不省人事。司机正着急一个人无法施救时，一个正在放羊的中年女人跑过来。两人用砍刀砍了树枝，用青藤编成担架，抬着他翻山越岭，走了10多公里，才来到公路上。当把高德荣抬上车时，那位放羊的女人累得一屁股坐在地上，半天都起不来。高德荣在医院的病床上醒来，司机把这些告诉他时，他泪流满面，哽咽着说："你看，我老高有这样好的乡亲，我有脸得过且过吗？我们应该尽快把隧道打通，让他们早日过上幸福的生活。"同病房的患者和进来为他量体温的护士听了，无不为之动容。

在常年积雪的高黎贡山凿隧道，仿佛是把一个湖泊的底部凿通，储积在山体里的水，因重力的作用，从岩体里流淌出来，严重影响施工人员操作，也延缓了进度，对此高德荣忧心如焚。如何尽可能减少天气带来的不便，不贻误工程进度，高德荣整天冥思苦想。一天早晨，高德荣起床后在屋檐一头的水龙头前洗漱，又是满天大雨，他不禁叹了口气。就在这时，他发现帮妻子在厨房做饭的一位小伙子，正在公路上挥动斧头砍柴，小伙子没有淋到一点雨，他抬头一看，小伙子的头顶上有一个小小的雨棚。一问，原来，连日大雨，饭店用柴不方便，妻子叫人用塑料布在公路边搭了一个小小的临时棚子……

“哈哈，工程进度这回有保证了！”他像个孩子似的欢叫起来，让一旁的妻子和砍柴的小伙子莫名其妙。

当天下午，几处因大雨停工的工地又运转起来了。施工人员的头顶，都有着一个能移动的大雨棚。这是高德荣的发明，后来被各个项目点采用。说起移动雨棚不耽误工期的“创举”，高德荣自己也很自豪。

“老县长教雨天搭建雨棚这招太管用了。”马库村委会钦朗当小组安居房项目负责人魏登有说，搭建雨棚照常作业的好处不仅是不耽误工期，而且工人也不误工，可以多挣钱。

大雪封山是独龙江每年都要面临的问题，封山期间便意味着与外界隔离开来，生活必需品大家都是提前储备，以便封山期间一切还能正常运行。为能让施工队员吃到新鲜猪肉，他还想出一个妙招，充分利用积雪打造一个个天然冰箱，他带人把雪堆掏空，把新鲜猪肉储藏在里面，让施工队员能天天吃到新鲜猪肉、蔬菜甚至水果。

每逢中秋、春节，高德荣就率领州委独龙江帮扶工作队和乡党委政府负责人，到独龙江公路高黎贡山隧道建设工地，看望坚守岗位的武警官兵和工人师傅。独龙江公路高黎贡山隧道项目负责人感激地说：“我们驻扎了3年，老县长每年中秋、春节都带人来慰问。我们在其他地方也干过工程，但这样温暖的关怀只有在独龙江才感受强烈。”他们表示：“面对6000多名独龙族同胞期盼的眼睛，我们没有理由被困难吓倒，不获全胜决不收兵！”

2013年3月5日，是高德荣的59岁生日。一大早，他出门时，妻子要他下午回家早一点。问她有什么事，她不说。那晚，马秀英忙了好一会儿，做了几个好菜，又到街上买回蛋糕、蜡烛，想给高德荣过一回生日。活到这么大的年纪，高德荣几乎没有过过生日。

可那晚，她一直在火塘边坐到深夜12点，高德荣才一身泥水回来。一问，是隧道建设在当天一早又出现险情。他和大家一起排除险情，工程顺利推进后，才想起妻子的叮嘱，连水也没来得及喝一口就连忙往家赶。洗过脸脚后，他坐在板凳上就睡着了。妻子摇醒了他，他才看到不远处的桌子上，摆着丰盛的饭菜，还有蛋糕。他还发现妻子的眼里闪着泪花。他上前紧紧握着妻子的手，说："秀英，让你受委屈了，你不要生气。"

妻子把蜡烛点燃，端过来照着他的脸，哽咽着说："我不是委屈，也不是伤心，我是心疼啊！看你瘦成这样……"

他深情地说："别光说我。这辈子你跟着我，不知吃了多少苦！对了，等隧道打通，我们就可以到贡山和儿女们一起过大年、吃团圆饭了。"说着，他发现气氛未免有些伤感，就笑起来，指着满桌子的东西，大声说："你看你看，我们光顾着说话，都忘了过生日了。你把菜热一热，我去把肖师傅他们几个叫来，大家一起乐一乐。今天可是一个好日子啊。"

大家一起高高兴兴地吃喝时，他忽然站起来，指着桌子上的蛋糕，一脸神秘地说："今年的生日礼物好是好，只是太小了，明年，我过60岁生日，就会有一件天大的好礼物。"

人们都不解地望着他。

他说："高黎贡山隧道打通，到时我刚满60岁，这个就是我的生日礼物了。以后独龙族就再也没有半年封山的历史了。你们说这个礼物难道还不算大？"说着举杯向大家敬酒。

2013年10月28日一早，有媒体结束独龙江的采访准备返程。告别时，高德荣难得地对他们发表了一番激情洋溢的讲话："山顶刮来的风冷了，估计上面下雪了，独龙江半年大雪封山的时间日渐临近。但是，我要提前告诉大家一个喜讯，这是独龙江最后一次大雪封山。在全国人民的关心支持下，明年初，随着高黎贡山独龙江隧道打通，千百年来独龙族人民与外界半年隔绝的日子就会结束！”

站在寒风中的记者一行，听得热血沸腾。

把个人的愿望融入一个民族的梦想中，高德荣获得了人生前行的力量。多年的忘我付出，也使他成为人们心中的独龙族英雄。

2013年9月，第四届全国道德模范评选揭晓，高德荣荣获全国敬业奉献模范提名奖。26日下午，他受到了中共中央总书记、国家主席、中央军委主席习近平的接见。就在总书记接见后的第二天，高德荣来不及观看日新月异的北京城，急急忙忙地赶回独龙江。大家对此有些不解，他朴实地解释说：“这几天我在北京、昆明，老百姓有事都找不着我。”

回到独龙江，乡亲们都纷纷赶来祝贺他。他告诉乡亲们：“我很激动，有很多感受想说，但我想我说一大堆感受还不如用实实在在的行动来落实总书记的嘱托。快回来，该干什么干什么！”

随后的半个月时间里，他把全乡6个村委会和独龙江帮扶工程每一个项目点跑了两遍。

2013年9月27日下午，云南省委书记秦光荣在昆明会见了出席全国道德模范座谈会的云南代表。他强调，要深入学习领会、认真贯彻落实习近平总书记的重要讲话精神，为谱写中华民族伟大复兴的中国梦云南篇章凝聚起强大的精神力量。

2013年10月，中共云南省委做出向高德荣同志学习的决定。

决定强调，全省广大党员干部要向高德荣同志学习，学习他理想信念坚定、对党忠诚的政治品质；学习他为民务实清廉的价值追求，把人生追求融入党和人民的事业中，融入边疆各族人民构筑中国梦的生动实践中；学习他爱党、爱国、爱家乡的赤子之心和鞠躬尽瘁、无私奉献的公仆情怀；学习他始终与人民群众心连心、共患难的政治本色。各级党组织要加强领导，精心组织，把开展向高德荣同志学习活动作为深入开展党的群众路线教育实践活动的一项重要内容，以高德荣同志为榜样，扪心自省，查找差距，反对形式主义、官僚主义、享乐主义和奢靡之风，确保教育实践活动取得实效，为谱写好中国梦云南篇章聚集正能量。

很快，高德荣成为全国上下各级各部门领导干部学习的榜样。《人民日报》、新华社、《光明日报》、《经济日报》、中央人民广播电台、中央电视台、《云南日报》、云南广播电视台等中央和省级新闻媒体，对他的先进事迹做了大量报道，在全国各地引起较大反响。

谈起回到独龙江后最大的感受，高德荣说，他最幸福的事情就是把个人梦想融入中国梦这个集体的大合唱之中。

中国梦，不仅是高德荣的个人追求，也是全体中国人民的共同追求。2012年11月29日，中共中央总书记、国家主席、中央军委主席习近平在参观“复兴之路”展览时发表了题为《承前启后继往开来继续朝着中华民族伟大复兴目标奋勇前进》的重要讲话：

> 每个人都有理想和追求，都有自己的梦想。现在，大家都在讨论中国梦，我以为，实现中华民族伟大复兴，就是中华民族近代以来最伟大的梦想。这个梦想，凝聚了几代中国人的夙愿，体现了中华民族和中国人民的整体利益，是每一个中华儿女的共同期盼。历史告诉我们，每个人的前途命运都与国家和民族的前途命运紧密相连。国家好，民族好，大家才会好。实现中华民族伟大复兴是一项光荣而艰巨的事业，需要一代又一代中国人共同为之努力。空谈误国，实干兴邦。我们这一代共产党人一定要承前启后、继往开来，把我们的党建设好，团结全体中华儿女把我们

国家建设好，把我们民族发展好，继续朝着中华民族伟大复兴的目标奋勇前进。

民族复兴的中国梦，凝聚了几代中国人的夙愿，体现了中华民族和中国人民的整体利益，是每一个中华儿女的共同期盼。走过“雄关漫道真如铁”的昨天，跨越“人间正道是沧桑”的今天，中国梦正指引当代中国向着“长风破浪会有时”的明天迈进！

习总书记的讲话荡气回肠，催人奋进！民族复兴的中国梦激荡着13亿各族人民的新期盼。而独龙江公路的改建，高黎贡山隧道的打通，正是高德荣当下的中国梦。

2013年12月14日，高德荣接到贡山县委、县政府的通知，中央第十五督导组一行将于12月16日抵达贡山县检查指导工作，请他参加会议，督导组将听取他的相关意见。

12月15日，高德荣率独龙江乡党委政府领导从独龙江赶到贡山县城。此前，高德荣及县乡党委政府经过认真考虑后，决定向中央督导组汇报工作后，给习近平总书记写封信。

他们有一个朴素的心愿，首先，汇报新中国成立以来，党中央、国务院、省委、省政府及各级党委、政府高度重视独龙族的发展进步，特别是通过独龙江乡整乡推进独龙族整族帮扶项目实施，独龙族唯一聚居区独龙江乡全乡的基础设施得到了明显改善，群众生产生活水平大幅度提高。其次，汇报独龙江公路即将开通的喜讯，根据独龙族同胞的共同期盼，恳请习总书记为隧道命名并予题词“高黎贡山独龙江隧道”。

12月16日，这封由高德荣和贡山县委书记娜阿塔（傈僳族）、贡山县县长马正山（独龙族）、独龙江乡党委书记和国雄（白族）、独龙江乡乡长李永祥（独龙族）五人联合署名的信件经高德荣庄重地面呈中央督导组领导同志，并恳请其一定代他们及独龙族同胞向习总书记问好，感谢党中央、国务院、省委、省政府及各级党委、政府高度重视独龙族的发展，关心关爱独龙族人民。信件内容如下：

尊敬的习总书记：

您好！

独龙族是从原始社会直接过渡到社会主义社会的人口较少民族。新中国成立以来，党中央国务院、省委省政府及各级党委政府高度重视独龙族的发展进步，特别是通过独龙江乡整乡推进独龙族整族帮扶项目实施，独龙族唯一聚居区独龙江乡全乡的基础设施得到了明显改善，群众生产生活水平大幅度提高。2014年4至5月，县城至独龙江乡公路隧道即将开通，这标志着全国56个民族之一独龙族同胞祖祖辈辈大雪封山半年的历史结束，独龙族同胞有望早日实现与全国其他民族兄弟一道过上小康生活的“中国梦”。

独龙江公路是独龙族与外界联系、沟通的唯一通道，是独龙族同胞生产生活和发展的命脉，尤其是公路中途的41公里至63公里的隧道（全长6.68公里）是整条公路喉舌，现隧道即将开通，根据独龙族同胞的共同期盼，呈请习总书记为隧道命名并予题词“高黎贡山独龙江隧道”为谢！

独龙族人民永远感谢习总书记，永远感谢共产党，永远听共产党的话，永远跟着共产党走！

2014年新年的钟声刚刚敲响，传来振奋人心的喜讯——习近平总书记对这封信做出重要批示：

> 获悉高黎贡山独龙江公路隧道即将贯通，十分高兴，谨向独龙族的乡亲们表示祝贺！独龙族群众居住生活条件比较艰苦，我一直惦念着你们的生产生活情况。希望你们在地方党委和政府的领导下，在社会各界帮助下，以积极向上的心态迎战各种困难，顺应自然规律，科学组织和安排生产生活，加快脱贫致富步伐，早日实现与全国其他兄弟民族一道过上小康生活的美好梦想。

接到习近平总书记对贡山县干部群众致信做出的重要批示后，云南省委书记、省人大常委会主任秦光荣做出重要批示：习近平总书记对独龙江公路隧道即将贯通作出重要批示，充分体现了总书记对独龙族乡亲的深切关怀，也充分体现了总书记对云南边疆民族地区发展的高度重视，对我们加快民族团结进步、边疆繁荣稳定示范区建设具有重大的指导意义。全省各级党委、政府和各部门要认真学习总书记批示精神，深刻领会总书记批示的重要性，结合实际，发扬改革创新的精神和务实的作风，支持和帮助少数民族地区加快基础设施建设，改善生产生活条件，尽快地脱贫致富。尤其是怒江地区的独龙族群众，要以总书记批示为强大动力，加快公路工程建设，走出大山的封闭，与全省人民共同奔小康，共圆中国梦。

在遥远的独龙江，当一直为独龙江公路改建穷尽心血的高德荣得知习近平总书记的批示要在当晚新闻联播中播出的消息后，忙着把这个好消息通知到远远近近的独龙族同胞。

“独龙族人民永远感谢习总书记，永远感谢共产党，永远听共产党的话，永远跟着共产党走！”高德荣说。新中国成立以来，党中央、国务院、省委、省政府及各级党委、政府高度重视独龙族的发展进步，特别是通过独

隧道贯通后的喜悦

龙江乡整乡推进独龙族整族帮扶项目实施，使我们的基础设施得到了明显改善，生产生活水平大幅度提高。如今，县城至独龙江乡公路隧道即将开通，祖祖辈辈大雪封山半年的历史就要结束了，我们的梦想就要实现了。

那一天，独龙族同胞因习总书记的批示，沉浸在了巨大的喜悦和振奋中。

就在习总书记做出批示的时候，独龙江公路改造正进入重要的收官阶段，作为整个改造工作的关键工程，高黎贡山隧道已完成掘进6084.9米，完成工程量的91%，其中，隧道一标完成3230.9米，隧道二标完成2854米。隧道的建设任务，将在2014年如期完成。

这意味着2013年的冬天，将是独龙江最后一年被大雪围困！来年，随着高黎贡山隧道的打通，千年封闭的独龙江将会山门大开。独龙江公路，那条寄托着高德荣人生梦想的通天大道，不仅是高德荣人生梦想得以实现的一个缩影，更是独龙族跨越千年发展的历史见证，是伟大中国梦在独龙江的具体实现。沿着这条中国道路走出去，迎接6000多名独龙族同胞的，将是最新最美的生活！

高德荣与隧道施工人员合影

2014年4月10日，中央电视台在新闻联播以前条位置向中国、向全世界播报一条特别消息："云南省独龙江高黎贡山公路隧道于本日贯通！隧道全长6600米，从而结束了全国唯一一个民族自治乡不通公路的历史！"

一个月前的3月5日，高德荣刚迎来60岁生日。

这天，在怒江河谷谷底，生起一缕缕蓝色的薄雾，宛若少女舒展的轻纱；而在北上200公里的独龙江贡山岔河口则浮动着紫色的岚气。人们都说听到了一种在山谷间交响、回荡不已的歌声。那是独龙民歌《创始调》：

> 恰优芒努哟——勇独龙乌柔秀牟，摆某尼斤摆乌木瓦哟——木更德恰衣瓦——

高德荣在心里用两种语言合唱：

> 远古时候啊，我们独龙人啊，是从某尼斤繁衍出来的，是莫朋九创造的……

那个传说中的"创世人"可以理解为太阳、月亮、星星。但今天一切都不再是虚拟的，梦想如此美丽，恰若云雾山岚挥去后，高耸入云的雪山连绵浩瀚、圣洁伟岸……

图书在版编目（CIP）数据

独龙之子 / 梁刚著. -- 昆明 : 云南人民出版社,
2014.3
ISBN 978-7-222-08192-5
Ⅰ. ①独… Ⅱ. ①梁… Ⅲ. ①报告文学－中国－当代
Ⅳ. ①I25

中国版本图书馆CIP数据核字(2014)第042567号

出品人：李　维　刘大伟
特邀编审：黄　尧
责任编辑：周明全　高　专
装帧设计：马　滨　熊正刚
责任校对：王以富　毛　雪　张艳琼
责任印制：陆卫华

独龙之子

梁　刚　著

出版　云南出版集团　云南人民出版社
发行　云南人民出版社
社址　昆明市环城西路609号
邮编　650034
网址　http://www.ynpph.com.cn
E-mail　ynrms@sina.com
开本　787mm×1092mm　1/16
印张　14
字数　170千
印数　1—45000册
版次　2014年4月第1版第1次印刷
印刷　昆明卓林包装印刷有限公司
书号　ISBN 978-7-222-08192-5
定价　28.00元

如有图书质量及相关问题请与我社联系
审校部电话：0871-64164626　印制科电话：0871-64191534